Unterricht für die Scharfschützen

bey der Churfürstlich Sächsischen Infanterie

vom Jahre 1804

herausgegeben von Jörg Titze

Beiträge zur sächsischen Militärgeschichte zwischen
1793 und 1813

Heft 17

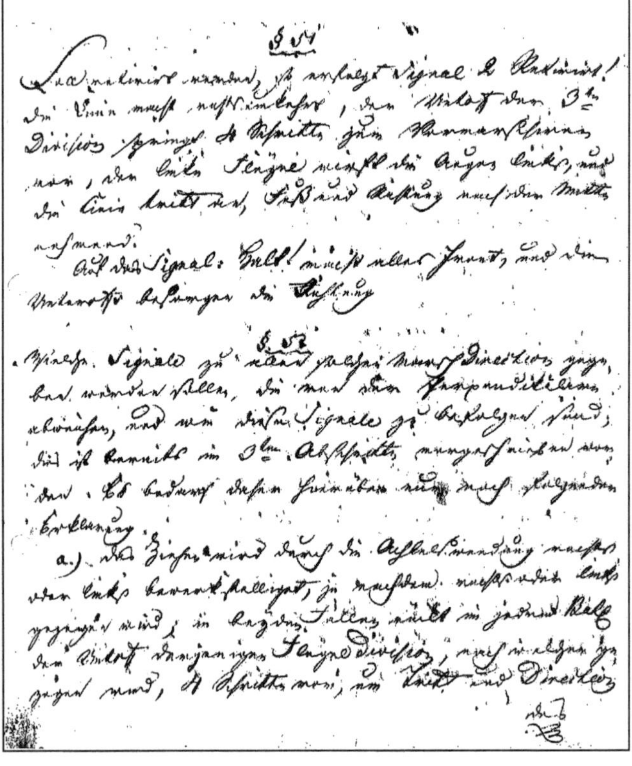

Faksimile der Seite mit den der §§ 51 und 52

Unterricht

für die

Scharfschützen

bey der Churfürstlich Sächsischen

Infanterie

Bibliographische Information der Deutschen Biliothek

Die Deutsche Bibliothek verzeichnet diese Publikation in der Deutschen Nationalbibliographie; detaillierte bibliographische Daten sind im Internet über http://dnb.ddb.de abrufbar.

Die Deutsche Bibliothek – CIP – Einheitsaufnahme

Jörg Titze (Hrsg.)

Unterricht für die Scharfschützen bey der Churfürstlich Sächsischen Infanterie vom Jahre 1804 - herausgegeben von Jörg Titze (Text Jörg Titze / Noten Thoralf Titze). – Herstellung und Verlag: Books on Demand GmbH, Norderstedt, 2011

ISBN 978-3-8448-0339-6

Herstellung und Verlag:

Books on Demand GmbH, Norderstedt

<u>Einleitung</u>

Die Regiments-Scharfschützen wurden 1793 bei allen 12 Linien-Infanterie-Regimentern (die Leib-Grenadier-Garde erhielt ihre Schützen erst 1809) eingeführt. Zu Scharfschützen bestimmt wurden ein Unteroffizier und 8 Mann pro Kompanie sowie ein Offizier und ein Tambour pro Bataillon. Im Zuge der Einführung des neuen Reglements für die Infanterie vom Jahre 1804 erhielten auch die Scharfschützen ein gedrucktes Reglement sowie eine gleichzeitige Erhöhung von 8 auf 10 Mann Schützen pro Kompanie.

Als im Feldzug von 1809 die Scharfschützen in besonderen Abteilungen zusammengezogen und letztendlich 1810 zur Bildung von zwei leichten Infanterie-Regimentern verwendet wurden, behielten alle Regimenter (auch die beiden leichten) das System der Regimentsschützen bei. Die Gültigkeit des Scharfschützen-Reglements dauerte damit mindestens bis zum Ende des Jahres 1813.

Wie der Titel „Unterricht für die Scharfschützen bey der Churfürstlich Sächsischen Infanterie" besagt, regelte dieses Reglement den Schützendienst, im Übrigen galten das Infanterie-Exerzierreglement und die Vorschriften zur Ausbildung des neuen Mannes von 1804 (für die spätere Zeit mit den jeweiligen Berichtigungen und Zusätzen von 1810).

Der vorliegende Abdruck ist die Wiedergabe (lediglich ergänzt um Einleitung und Inhaltsverzeichnis) einer wohl zeitgenössischen handschriftlichen Kopie dieses Reglements. Über Herkunft und Zweck dieser Abschrift kann nur spekuliert werden. Besitz-, Orts- und Jahresangaben fehlen gänzlich.

Jörg Titze

Erster Abschnitt

Von dem Zwecke und den Eigenschaften der Scharfschützen

§ 1

Die Scharfschützen stellen bey einem Bataillon und Regimente das vor, was die leichten Truppen bey einer Armee sind. Sie werden zu Avant- und Arriergarden, Vor- und Seitentrupps, zur Deckung der Aufmärsche und andere Bewegungen der Linien-Infanterie, zum Abhalten der feindlichen Blänker, zu Vorposten, Recognosierungen, und überhaupt zu allen solchen kleinen Detachements gebraucht, die Gewandheit und gutes Schießen erfordern. Mit ihrem weiter tragenden Gewehre sollen sie nicht nur gleichen Vortheil gegen feindliche Schützen haben, sondern auch dem Feinde schon Abbruch thun, ehe das Bataillon mit den gewöhnlichen Gewehren ihn zu erreichen vermag. Von ihnen umgeben, und auf allen Seiten gegen die Angriffe feindlicher Truppen gedeckt, soll das Bataillon ruhig und ununterbrochen seinen Marsch fortsetzen; oder wenn es irgend einen Posten besetzt, und denselben behaupten muß, vorzüglich des Nachts, vor dem unvermutheten feindlichen Andringen gesichert seyn können. Würde in außerordentlichen Fällen ein Bataillon vom Feinde in Flanken und Rücken bedroht, so sollen diese Scharfschützen, als eine Reserve betrachtet – durch rasche Bewegungen des Feindes Absicht vereiteln. Oder sie sollen durch ihre Schnelligkeit wichtige Posten, es seyen Höhen, Päße, Gebäude und dergleichen zu besetzen, oder den Feind daraus zu vertreiben suchen.

Hiernächst ist ein Theil dieser Scharfschützen bestimmt, in Bataillons zusammengezogen, und in solchen als leichte Infanterie, oder sogenannten Füsilier-Bataillons, solange nehmlich als diese Truppengattung der Armee ermangelt, gebraucht zu werden. In diesen Bataillons gehe ihre Bestimmung dahin, der Armee im Großen alle die Vortheile zu gewähren, welche wie vorerwähnt worden, die bey den Bataillons befindlichen Schützen ihren Bataillons und Regimentern verschaffen sollen. Sie müssen daher mit gleicher Geschicklichkeit, sowohl in geschloßener als zerstreuter Stellung, in ebener und durchschnittener Gegend, jede dem Terrain und den Umständen angemessene Bewegung auszuführen verstehen, jede dieser Bewegungen aber mit möglichster Geschwindigkeit, jedoch verbunden mit Ordnung und Ruhe zu vollbringen wissen.

§ 2

Hieraus ergibt sich von selbst, daß zu den Scharfschützen Soldaten zu wählen sind, auf deren Treue und Sittlichkeit man sich vorzüglich verlassen kann, und die mit den zu ihrer oft ermüdenden Bestimmung nothwendigen körperlichen Kräften und Ausdauer, auch Muth, Entschlossenheit und Gegenwart des Geistes verbinden, weil sie sich oft selbst überlassen bleiben, und von dem persönlichen Muthe derselben oft die Sicherheit und Ruhe des Ganzen abhängt.

§ 3

Bey der Auswahl der Scharfschützen können die Regimenter eine doppelte Absicht verbinden, indem sie zum Theil Subjekte dazu bestimmen, die, nächst den obigen Eigenschaften, auch diejenigen Anlagen besitzen, welche bey der Wahl eines Unter-Officiers in Betracht gezogen werden. In dieser Hinsicht sind die Scharfschützen zugleich als die Pflanzschule der Unterofficiers anzusehen, und genießen alle die Vorrechte, die das neuere Dienstreglement den Unterofficiers Subjekten bewilligt. Besonders sollen sie im Dienste so viel möglich, als Gefreite gebraucht werden. Hierdurch wird ihre Ehrbegierde genährt; auch gewöhnen sie sich, ausrichtsam zu werden, eine Eigenschaft, die ihnen als Scharfschützen unentbehrlich ist, wenn sie bey Patrouillen, oder von Posten, die ihnen anvertraut sind, von dem, was sie gesehen und gehört haben, Bericht erstatten sollen.

§ 4

Schon die Benennung: Scharfschütze zeigt, daß er, vor allen übrigen Erfordernissen, genau und richtig zu schießen verstehen muß. Zu dem Ende wird ihm ein deutlicher Unterricht im Scheibenschießen ertheilt, damit er auf verschiedene Distanzen nach dem Ziele zu schießen wisse; jedoch wird ihm zugleich gelehrt, wie er in allen möglichen Stellungen des Körpers, kniend, sitzend, liegend und im Marsche zu schießen und zu laden verstehen muß. Nächstdem, muß er die Eigenschaften seiner Büchse und die Pulverladung, die sie bedarf, vollkommen kennen und seine Patronen und Kugeln selbst zu fertigen wissen.

§ 5

Ferner wird dem Schützen gelehrt, wie er mit Entschlossenheit alle sich ihm darbietenden Gegenstände, als Gräben, Zäune, Büsche, Felsen, Mauern, Bäume, Wagen und dergleichen benutzen müsse, um dem Feinde durch sein Schießen den möglichsten Abbruch zu thun, sich selbst aber zugleich, hinter und durch diese Gegenstände, decken zu können. Eine Erhöhung von zwey Fuß ist hinlänglich, einen Menschen, der sitzend oder liegend zu schießen versteht, die erforderliche Deckung zu gewähren.

Hat der Schütze in Benutzung solcher Gegenstände einige Übung erlangt, so wird es ihm selbst in dem ebensten Terrain leicht werden, einigen Schutz wider das feindliche Feuer aufzufinden. Daß jedoch der Schütze diese Sorgfalt für die Sicherheit seiner Person nicht zu weit treibe, darf der Aufmerksamkeit des commandirenden Offiziers nie entgehen.

§ 6

Die Eigenschaften, die von dem Scharfschützen gefordert werden, lassen die des Schützen-Unteroffiziers hinlänglich erkennen. Er muß im Schießen und Laden gleich geübt, und mit Muth und bewährter Entschlossenheit begabt seyn, damit er seinen Untergebenen nicht nur persönliches Beyspiel, sondern auch die möglichste Anleitung gebe, in allen Vorfällen die zweckmäßigsten Maasregeln zu ergreifen. Obschon dieser Unteroffizier wie der Schütze eine Büchse führt, so schießt er doch nie anders, als wenn seine eigne Vertheidigung es nothwendig macht, da seine Hauptbestimmung nur die Aufsicht auf seine Untergebenen zur Absicht hat.

§ 7

Des Schützenoffiziers stetes Bestreben muß dahin gehen, sich zu allen Vorfällen vorzubereiten um nicht nur die zu Sicherstellung des Bataillons bestimmten Schützen, den jedesmaligen Umständen gemäs, leiten und anweisen zu können, sondern damit er auch, eintretenden Falls, mit den in einen Trupp zusammengezogenen Schützen bald einen Posten schnell zu besetzen, bald durch eine rasche Bewegung den Feind in Flanke und Rücken zu bedrohen wisse, und dergleichen mehr. Hieraus folgt, daß er die Grundsätze des kleinen Krieges nach der Theorie aus darüber vorhandenen guten Büchern, und nach der Praxis mit Anwendung auf dem Terrain studiren, und sich alle Eigenschaften und Kenntnisse eines Offiziers der leichten Truppen verschaffen muß. Hiernächst muß er mit der Behandlung der Büchse genau bekannt seyn, und zum guten Schießen alle Vortheile anzugeben wissen.

So gut und nützlich für das Ganze, und für jeden Offizier insbesondere, es nun auch ist, wenn sämmtliche Offiziers sich diesen Dienst bekannt machen, da als Kommandant der Schützen, Alles von seiner eigenen Disposition abhängt, und er dadurch die beste Gelegenheit erhält, sich persönlich auszuzeichnen und seine Talente und seinen Muth zu zeigen; so ist doch nothwendig, daß die Schützen an einen Kommandanten gewöhnt werden. Es wird daher, nach einer gut getroffenen Wahl, ein für allemal derselbe Offizier dazu bestimmt; jedoch zugleich auch noch ein anderer dazu unterrichtet, um des erstern Abgang oder Mangel sogleich ersetzen zu können.

§ 8

Da bey Formirung der Reserven und bey andern Gelegenheiten die Bestimmung der Schützen auch dahin geht in kleinern oder größern Trupps zusammen gezogen, bald in geschlossener bald in ausgedehnter Ordnung zu agiren, so muß jeder einzelne Schütze zuvörderst gut unterrichtet seyn, was der Soldat in Reih und Glied zu beobachten hat. Dann erst werden die besondern Uebungen als Scharfschütze mit ihm vorgenommen. Daher sollen die Schützen bey den jährlichen Zusammenziehungen der Regimenter im Frühjahr, solange als die Kompagnien noch für sich exerciren, in die Kompagnien nach ihrer Rangirung eingestellt, und gleich der übrigen Mannschaft exercirt werden. Sobald aber die Kompagnien ins Bataillon rücken, exerciren die sämmtlichen Schützen unter dem Befehl ihrer Officiers, wobey sie von den Stabs-Officiers zu beobachten sind, erst Bataillonsweise, und dann von allen 10 Kompagnien zusammen, auf einem den Bewegungen derselben möglichst schicklichen Terrain für sich allein.

Sind sie hier hinlänglich geübt worden, so werden sie dann zu ihren Bataillons getheilt, und bey der Uebung derselben, ihrer Bestimmung gemäß, gebraucht.

Ueber die Uebungen im Scheibenschießen, soll weiterhin das Nöthige bestimmt werden.

§ 9

Zur Schonung der Büchsen verrichten die Schützen den täglichen Wach- und Garnisionsdienst mit gewöhnlichen Feuergewehren; auch werden ihnen zum Exerciren nur solche Gewehre gegeben. Damit sie jedoch mit der Büchse umgehen lernen, so erhalten sie dieselbe im Frühjahr zu der Zeit, wenn ihre Officiers die besonderen Uebungen mit ihnen anfangen, sie führen sie dann die ganze Exercierzeit hindurch bey allem Exerciren nur nicht im Dienst. Sind die Uebungen geendet, so werden die Büchsen mit allen dazu gehörigen Stücken wieder auf die Montirungskammer in Verwahrung genommen. Sie werden mit Nummern versehen, damit ein jeder Schütze allezeit die nehmliche Nummer wieder erhalte, die er abgegeben hat, und dadurch in den Stand gesezt werde, die ihm zugetheilte Büchse ganz genau kennen zu lernen.

Zweiter Abschnitt

Von dem Bestande der Scharfschützen

§ 10

Bey jeder Compagnie sind 10 Scharfschützen befindlich, über welche in Unter-Officier gesezt ist, der es auch bleibt. Zu diesen Schützen wird von jedem Bataillon ein Officier als Kommandant derselben, und ein Tambour oder Pfeifer, welcher bestimmt ist, die Signale auf dem Flügelhorn zu geben, commandirt.

§ 11

Die zwey Grenadier Compagnien eines jeden Regiments haben zwar jede eine gleiche Anzahl von Schützen; jedoch geben nur diejenigen einen Officier nebst einem Tambour oder Pfeifer zu denselben, die in dem Grenadierbataillon, zu welchem sie, laut Vorschrift des Execier-Reglements gehören den rechten Flügel einnehmen. Die Schützen derjenigen Grenadier-Compagnien, die keinen Officier bey sich haben, werden von dem ältesten Unter-Officier derselben, bey dem Exerciren im Regimente aber von dem Officier desjenigen Bataillons commandirt, das ihnen zunächst steht, von welchem Bataillon sie alsdann auch die Signale zu empfangen und zu befolgen haben.

§ 12

Diesem gemäs, wird jedes Bataillon

   1 Officier

   4 Unter-Officiers

   1 Hornisten

   40 Gemeine

als Scharfschützen zählen.

Dritter Abschnitt
Von den besonderen Handgriffen mit der Büchse

§ 13

In der gewöhnlichen Stellung hinter dem Bataillon sowohl, als im geschlossenen Trupp, tragen Unter-Officiers und Schützen die Büchse hoch im rechten Arme. In der ausgedehnten Stellung aber so wie bey allen Gelegenheiten, wo die Schützen einzeln fechten, wird die Büchse im linken Arme dergestalt getragen, daß sie in dem gekrümmten linken Arme, wie in einer Gabel ruht, wobey die linke Hand über die Pfannfeder zu liegen kommt, die rechte aber mit ausgestecktem Arme die Dünnung umfaßt.

Um die Büchse in die Lage zu bringen, ergreift sie die linke Hand der rechten Schulter gleich und bringt sie vors Gesicht, indem die rechte Hand die Dünnung umfaßt, und die Büchse in den sich krümmenden linken Arm legt.

Soll die Büchse wieder hoch in rechten Arm genommen werden, so fährt die linke Hand gegen die Mündung herauf, umfaßt sie, und bringt sie nach der rechten Seite, während dass die rechte Hand sie beym Schlosse ergreift, und in die Lage des hoch in rechten Armannehmens bringt.

§ 14

Wenn im Bataillon das Gewehr zum Ruhen, beim Fuß, in Arm, oder über genommen wird, so verfahren die Schützen, wie es dem Grenadier-Unterofficier hierbey vorgeschrieben ist.

Im geschlossenen Trupp wird die Büchse zum Ruhen auf der Stelle beym Fuß und im Marsche über, nie aber in Arm genommen.

Werden im Bataillon die Gewehre in Pyramiden zusammen gesezt; so lehnen die Schützen ihre Büchsen an die Pyramiden derjenigen Rotten, hinter denen sie sich als viertes Glied befinden, und zwar zulezt, so daß die Büchsen auf den übrigen Gewehren ruhen. Wird das Gewehr wieder zur Hand genommen, so ergreifen die Schützen ihre Büchsen zuerst.

§ 15

Wenn im Bataillon zu Bezeugung einer Honneur das Gewehr präsentirt wird, so beobachten die Schützen das, was den Grenadierunterofficiers hierbey vorgeschrieben ist.

§ 16

Bey allen Bewegungen, die der Schütze laufend zu bewerkstelligen hat, welches entweder das Signal oder das Commando

Marsch Marsch!

bestimmen wird; wird die Büchse mit der rechten Hand im Gleichgewichte getragen, eben so, wie bey der Linien-Infanterie das Gewehr, zum Bajonetangriffe, zur Seite rechts genommen wird. Geschieht dies aus hoch im rechten Arme, so verfährt der Schütze hierbey so, wie der Grenadierunterofficier das Gewehr aus hoch im rechten Arme zur Seite rechts nimmt, bringt es auch, wie dieser, wieder hoch in rechten Arm. Geschieht es aber, wenn die Büchse im linken Arme liegt, so greift die rechte Hand über die linke, umfaßt die Büchse über dem Schlosse, bringt sie nach der rechten Seite, um sie hier mit gestrecktem Arme, längs des rechten Schenkels, im Gleichgewichte zu tragen. Wird die Büchse aus dieser Lage, wieder in den linken Arm gelegt, so bringt sie die rechte Hand vor den Leib, und legt sie in den sich krümmenden linken Arm, worauf die rechte Hand die Dünnung umfaßt.

§ 17

Das Laden und Chargiren bewerkstelligt der Schütze im Allgemeinen auf die nehmliche Art, und mit den nehmlichen Vortheilen, wie der Linien-Infanterist. Da er jedoch die Büchse hoch im rechten Arme trägt, und wegen der verschiedenen Lagen und Stellungen in die er kommen kann, auch auf verschiedene Arten sich seiner Büchse zum Chargiren zu bedienen wissen muß; so erhält er hierzu noch folgende Anweisung:

1) Wird mit dem Bataillon und mit gewöhnlichen Patronen geladen, so ergreift auf das Commando-Wort des Majors:

Lad't

die linke Hand die Büchse ungefähr in ihrer Mitte und bringt sie in die Lage zur Ladung an die linke Seite; die rechte Hand umfaßt indeß die Patrone, worauf die Ladung ferner nach der Vorschrift des Exercirreglements bewerkstelligt wird. Mit dem Einwerfen des Ladestocks an seinen Ort, führt die linke Hand die Büchse dergestalt nach der rechten Seite, daß die rechte Hand dieselbe in die Lage bringt, wie sie hoch im rechten Arme getragen werden soll.

2) Das Fertigmachen von hoch im rechten Arme geschieht folgendergestalt:

Die rechte Hand hebt die Büchse, wie sie dieselbe umfaßt hält, in die Höhe, und bringt sie vors Gesicht; die linke Hand kommt der Büchse entgegen, und umfaßt dieselbe über der Pfannfeder; die rechte Hand spannt den Hahn, der rechte Fuß wird zurück gesetzt.

Macht sich der Schütze fertig, wenn die Büchse im linken Arme liegt; so hebt die rechte Hand dieselbe in die Höhe und bringt sie vors Gesicht, indeß die linke die Büchse über der Pfannfeder umfaßt; die rechte Hand spannt den Hahn u.s.w.

3) Muß der Schütze in einer gebückten Stellung des Körpers chargiren, so drückt er bey der Ladung die Büchse dergestalt an den linken Schenkel an, dass der Ladestock einwärts und die Mündung dem Munde gleich komme.

4) Im Knien beobachtet der Schütze den Vortheil sich allezeit auf das linke Knie niederzulassen. Zur Ladung schiebt er die Büchse, mit dem Ladestock einwärts

gekehrt, mit der linken Hand soweit an der linken Seite zurück, daß er bequem in die Mündung sehen kann, wobey er die Büchse an den linken Schenkel andrückt.

5) Ist der Schütze genöthigt, liegend zu chargiren, so legt er sich dergestalt auf die linke Seite seines Körpers nieder, daß der linke Ellenbogen vorwärts in die Erde eingestemmt ist, der rechte Arm aber seine freye Bewegung behält. Die Büchse liegt rechts neben ihm, zum Anschlagen schiebt sie die rechte Hand in die linke, die gleichsam eine Gabel bildet. Zur Ladung stößt die linke Hand die Büchse mit einwärts gekehrtem Ladestock so weit neben der rechten Seite zurück, dass man in die Mündung sehen, und die rechte Hand die Ladung mit möglichster Bequemlichkeit verrichten kann.

6) Im Gehen und Laufen hat der Schütze auf den Vortheil besonders zu achten, zur Ladung die Büchse mit der linken Hand, den Ladestock einwärts, fest an den linken Schenkel anzudrücken, damit die Mündung möglichst unbeweglich gehalten werde.

7) Bey dem Chargiren im Holze muß der Schütze sich hinter dem zu seiner Deckung zu wählenden Baume allezeit so stellen, daß beym Anschlagen der Baum ihm links stehe, und er hierdurch in den Stand gesezt werde die Büsche an den Baume anzulegen.

Während der Ladung sucht er sich völlig durch den Baum zu decken, und, wird im Marsche chargirt, so verlässt er ihn nicht eher, als bis die Ladung vollendet ist, worauf er sich schnell hinter einen andern zu seiner Deckung ausgewählten Baum, mit Beobachtung des vorangeführten Vortheils, begiebt.

<u>Anmerkung:</u> Exercirt der Schütze mit der Büchse, aber ohne Pulverladung, so darf der Ladestock, um die Züge zu schonen, nicht in den Lauf gestoßen, sondern

nur in die Mündung eingesetzt, und das Tempo damit angegeben werden.

§ 18

Zum Bajonetaufpflanzen, welches auch während des Marsches zu üben ist, bringt auf das Kommando

Bajonetter auf!

die linke Hand die Büchse so zur linken Seite, wie es bey der Ladung geschieht, die rechte Hand greift über die linke, zieht das Bajonet aus der Scheide, und pflanzt es auf; worauf die Büchse wieder in ihre vorherige Lage gebracht wird.

Das Bajonetfällen sowohl auf der Stelle, als im Marsche, zur Verteidigung und zum Angriffe, geschieht von dem Scharfschützen auf die nehmliche Weise, wie es dem Grenadierunterofficier vorgeschrieben ist.

Soll das Bajonet wieder in die Scheide gebracht werden, so nimmt auf das Kommando:

Bajonetter ab!

die linke Hand die Büchse zur linken Seite, die rechte zieht das Bajonet ab, steckt es über dem linken Arme in die Scheide, und die Büchse wird hierauf wieder in ihre vorherige Lage gebracht.

§ 19

Die Visitation der Büchsen beym Aufstellen der Compagnie geschieht auf folgende Art:

Sind die Schützen mit hoch im rechten Arme habenden Gewehre angetreten und gestellt, und fängt der

Capitaine die Gewehr-visitation der Compagnie an, so commandiert der Schützen-Unterofficier:

Gewehr beim – Fuß!

Dies geschieht aufs Wort. Allsdann fängt der Unterofficier die Untersuchung der Büchse, der übrigen Waffen und der Kleidung seiner Schützen vom rechten Flügel an, indem er dabey eben so verfährt, wie das Visitiren in den Korporalschaften geschieht.

Ist die Untersuchung geendet, so commandirt der Unterofficier:

G'wehr hoch in rechten – Arm!

zu gleicher Zeit, wenn der Capitaine den Ladestock an seinen Ort bringen und schultern läßt.

Vierter Abschnitt
Von den Signalen

§ 20

Sobald sich die Schützen in der ausgedehnten Ordnung, zerstreut oder entfernt befinden, wo es unmöglich wird, sich ihnen durch die Stimme vernehmlich zu machen; so treten die Signale mit dem Flügelhorne an deren Stelle. In der geschlossenen Stellung aber werden alle Bewegungen commandirt, und in diesem Falle niemals Signale, außer zum Vorbrechen der Schwärme und zum Aufhören des Feuers, gegeben.

§ 21

Die Signale werden den Regimentern in Musick gesezt, hierbey zugefertigt. Außer diesen Signalen sollen, ohne besondern höchsten Befehl, keine andern eingeführt, auch eben so wenig irgend ein Signal willkührlich abgeändert werden.

§ 22

Die Kenntnis der Signale wird von jedem Schützen, vorzüglich aber von den Officiers und Unter-Officiers gefordert, damit diese nach jedem gegebenen Signale im Stande sind ihre unterhabende Abtheilung von dem zu avertiren, was darauf geschehen soll. Daher muß auch jeder Schütze die sämmtlichen Signale und die Bedeutung jedes einzelnen vollkommen inne haben; und da die Unkenntniß derselben bey ernsthaften Fällen, die schädlichsten Folgen haben kann, so soll jede Nachlässigkeit hierin nicht ungestraft gelassen werden. Officiers und Unter-Officiers müssen daher allen Fleiß anwenden, den Schützen die Kenntnis der Signale beyzubringen; und damit jede Gelegenheit benutzt werde, sie dem Gedächtnisse derselben immer mehr einzuprägen, so sollen auf Märschen die Signale fleißig durch geblasen, und die Schützen über die Bedeutung derselben wiederholt befragt werden.

Auch müssen sich die Officiers und Unter-Officiers bemühen, die Signale selbst blasen zu lernen, um in Fällen, wo sie auf irgend eine Art den Hornisten einbüßen sollten, statt dessen die Signale geben zu können.

§ 23

Ueberhaupt ist bey den Signalen zu beobachten:

1) Die Befolgung des Signals geschiehet nicht eher, als bis es ganz durchgeblasen worden ist, dann aber schnell, und von allen Schützen zugleich.

2) Agiren die Schützen mehrerer Bataillons zusammen, so wird das von dem commandirenden Officier des Ganzen wo möglich aus der Mitte der Stellung, gegebene Avertissements-Signal: Ruf für das Ganze! sogleich von den übrigen Hornisten wiederholt, um anzuzeigen, daß es in der ganzen Linie vernommen worden, und die Aufmerksamkeit der Schützen nunmehr auf das zu erwartende Signal gerichtet ist. Ein gleiches wird z.B. von den Hornisten des zweyten Bataillons beobachtet, wenn das Signal: Ruf für das 2te Bataillon! gegeben wird.

3) Die Wiederholung der von dem commandirenden Officier des Ganzen gegebenen Signale für Handlungen hingegen geschiehet nur dann, wenn die Stellung der Schützen von solcher Ausdehnung ist, daß das einfach gegebene Signal nicht auf allen Punkten der Linie vernommen werden kann. Bey zwey und drey Bataillons wird daher die Wiederholung dieser Signale selten und nur im gebürgigem und waldigem Terrain nothwendig seyn. Ist dieses aber der Fall, so müßen die übrigen Hornisten die Signale schnell annehmen und wiederholen, und die Befolgung eines solche Signals geschiehet dann nicht eher, als bis das wiederholte Signal ganz durchgeblasen ist. Nimmt man hierbey wahr, daß ein gegebenes Signal nicht von alle den Schützen, die es angehet, gehörig vernommen worden ist, so muß es sofort nochmals wiederholt werden.

4) Das Signal Halt! so wie das zum Aufhören des Feuers! wird in allen Fällen, und sowohl in geschloßener, als in ausgedehnter Ordnung, von sämmtlichen Schützen wiederholt.

5) Die Signale werden nicht dehnend sonder kurz aber ausgeblasen. Hiernächst müssen ohne dringende Nothwendigkeit keine Signale gegeben werden, besonders nicht in der Nähe von Linientruppen, um die Aufmerksamkeit dieser Bataillone nicht zu unterbrechen.

§ 24

Die Signale zerfallen in zwey Abtheilungen:

A) In Signale für Handlungen, und

B) In Signale für Gegenstände, oder Rufe vor Avertissements für diejenigen, welche diese Handlungen ausführen sollen.

Sie bestehen in folgendem:

A) Signale für Handlungen

1) Marsch vorwärts. Avancirt!

2) Marsch rückwärts. Retirirt!

Die Präsur, in welcher diese beyden Signale geblasen werden, bestimmen die verschiedenen Grade der Geschwindigkeit des Schrittes. Es finden deren dreyerley statt:

a) der gewöhnliche Schützenschritt, ohngefähr 110 in der Minute, der jederzeit angenommen wird, sobald durch das Signal kein anderer bestimmt worden;

b) der vermehrte Geschwindschritt oder das Laufen, ohngefähr 150 bis 170 in der Minute, welche Schrittart nie, und besonders dann nicht zu übertreiben ist, wenn man im Begriffe steht, chargiren zu laßen.

c) der langsame Schritt, 75 in der Minute, wenn mit marschirender Linien-Infanterie ein gleiches Verhalten der Entfernung beobachtet werden soll.

Das Signal 1: Marsch vorwärts! Wird übrigens bey jedem Antritte des Marsches, nur nicht zur Retraite angewendet. Auf wird daßelbe während des Marsches zuweilen wiederholt, um den Schützen die Gewißheit zu geben, dass der Marsch fortgesetzt wird.

3) Rechts!

4) Links!

Diese beyden Signale sind gleichsam Avertissements und zweytens aber auch Signale für Handlungen. Sie begreifen die von der Perpendikularen abweichenden Directionen jeder Bewegung, sie geschehen rechts oder links; durch Ziehen, durch Flügelvornehmen, oder durch den Marsch mit Rechts oder Links um!

Diese Signale, verbunden mit dem Signal 1) oder 2) je nachdem avanciert oder retirirt wird, begreifen das Ziehen.

Soll z.B. im Avaciren rechts gezogen werden, so wird zuerst Signal 3 Rechts! gegeben, dann aber kurz danach Signal 1 Vorwärts! als worauf jeder Schütze die Achtelswendung rechts macht, und nunmehr in dieser Direction fortmarschirt.

Zum Linksziehen geht das Signal 4 Links! voraus.

5) Marsch mit der Wendung – Um!

Diesem Signal geht allezeit das Signal 3 oder 4 voraus, je nachdem mit Rechts oder Links um marschirt werden soll. Die Wendung mit Vollendung des Signals 5. Während des Marsches wird, ohne anzuhalten, fortgeschritten und wird auf der Stelle zur Wendung geblasen; so wird nach gemachter Wendung sogleich angetreten.

6) Flügel vornehmen. Flügel vor!

Um den rechten Flügel vorzunehmen, geht das Signal 3 Rechts! voraus. Soll es der linke Flügel seyn, so wird das Signal 4 Links! gegeben. Dann folgt das Signal: Flügel vor!

Geschiehet ein solches Flügel vornehmen auf der Stelle; so wird mit Beendigung das Signals 6 sogleich angetreten.

7) G'rad aus!

Zur Beendigung des Ziehens oder des Flügelvornehmens während des Marsches.

8) Halt!

Auf dieses Signal wird gehalten, und allemal sogleich die Front hergestellt.

9) Schützen vor!

Hierauf rücken im Bataillon die hinter demselben vertheilten Schützen vor.

10) Schützen zurück!

Die außer dem Bataillon vertheilten Schützen begeben sich auf ihre angewiesenen Plätze hinter das Bataillon zurück.

11) Sammeln. Sammelt euch!

Zum Zusammenziehen der ausgedehnten Linie in eine geschloßene Stellung.

Geschiehet das Sammeln nach der Mitte, so wird bloß das Signal 11 gegeben. Soll es aber nach dem rechten oder linken Flügel geschehen, so wird zuvörderst rechts oder links durch das Signal 3 oder 4 avertirt.

Soll aus der ausgedehnten Ordnung gleich in die geschloßene Colonne übergegangen werden, so wird das Signal zum Sammeln verdoppelt gegeben.

12) Feuern. Chargirt!

13) Aufhören des Feuerns. Nicht chargirt!

B) Signale für Gegenstände

Avertissements

14) Ruf für das Ganze. Brigade!

Werden die Schützen mehrerer Bataillons von einem Officier im Ganzen commandirt, so hat derselbe dieses Signal allezeit dann geben zu laßen, wenn etwas vorgenommen werden soll, wozu eine besondere Aufmerksamkeit erfordert wird, und eine und dieselbe Bewegung von dem Ganzen auszuführen ist.

15) Ruf für das 1te Bataillon

16) Ruf für das 2te Bataillon

17) Ruf für das Grenadier-Bataillon

Diese drey Signale werden nur dann angewendet, wenn die Schützen des ganzen Regiments im Ganzen commandirt werden. Erfolgt in diesem Falle ein solches Signal, so geht das darauf folgende nur dasjenige Bataillon an, deßen Signal gegeben worden ist.

Fünfter Abschnitt

Von der Rangirung und Formirung der Scharfschützen

§ 25

Da es in der Schützentaktik ein Grundsatz ist, daß zwey und zwey Schützen sich immer wechselseitig zu unterstüzzen haben, so ist schon bey der Rangirung und Aufstellung derselben hinter der Kompagnie auf diesen Grundsatz Rücksicht zu nehmen.

Die 10 Schützen einer jeden Kompagnie werden daher in 5 Nummern zu Eins und Zwey dergestalt eingetheilt und rangirt, daß jede Eins die zu ihr gehörende Zwey als ihren Secundanten zu ihrer Linken neben sich, im geschloßenen Trupp aber hinter sich im 2ten Gliede hat. Den 5 größern Schützen werden die 1ten, den 5 übrigen aber die 2ten Nummern gegeben, und beyde in sich nach der Größe rangirt.

§ 26

Welchen Platz die Schützen nebst ihren Unterofficiers, ihrem Officier und Hornisten, sowohl auf der Stelle, als im Marsche, in Parade und zum Chargiren, so lange als sie nicht vorgezogen wurden, in den Kompagnien und in dem Bataillon einzunehmen haben, ist in dem Exercierreglement vorgeschrieben.

Anmerkung: Im Felde, wo jeder Officier mit einem Reitpferd versehen ist, können die Schützen-Officiers bey den Bewegungen der Schützen allezeit zu Pferde bleiben.

§ 27

Werden sie aber in einem besondern Trupp zusammengezogen, wozu das Signal 11 Sammelt euch! gegeben wird, so ist ihre Formierung folgendergestallt:

Die sämtlichen Schützen eines Regiments formiren eine Division von 50 Rotten zu 2 Gliedern, in welcher die sämtlichen ungeraden Nummern im 1sten, die geraden aber im 2ten Gliede, jede Zwey hinter der secundirenden Eins, mit lockerer Fühlung stehen. Sie stoßen Kompagnieweise zusammen, wie diese im Bataillon rangiren, die Grenadiers auf den rechten Flügel, das 1ste Bataillon in der Mitte, das 2te Bataillon auf dem linken Flügel. Stehen die Grenadiers aber auf dem linken Flügel des Regiments, so nehmen sie auch in der Schützen-Division diesen Flügel ein, das 2te Bataillon dann die Mitte, und das 1ste Bataillon den rechten Flügel.

Jede Kompagnie formirt eine Section zu 5 Rotten, zwey und zwey Kompagnien aber ein Ploton, das von dem Unterofficier der ungeraden Kompagnie commandirt, von dem der geraden Kompagnie aber geschlossen, nur zum Gebrauch des Rottenfeuers, vom rechten auf den linken Flügel zu 2 Rotten abgetheilt wird. Sonach formirt die Schützen-Division 5 Plotons, jedes derselben zu 2 Sectionen; der Unterofficier der linken Flügelkompagnie des linken Flügelbataillons schließt nicht das 5te Ploton, sondern deckt den linken Flügel der Division.

Der älteste Officier kommandirt das Ganze, und hat seinen Posten 8 Schritt vor der Mitte. Sein Hornist steht 2 Schritt seitwärts des rechten Flügels in der Linie des ersten Gliedes. Dieser Officier ist jedoch an keinen bestimmten Platz gebunden, sondern begiebt sich dahin, wo die Umstände seiner Gegenwart erfordern. Wird mit Pulver chargirt, so verfügt er sich vor dem Feuer hinter die Mitte.

Der dem Dienstalter nach zweyte Officier steht auf dem rechten Flügel der Division, und commandirt das 1ste Ploton. Der Unterofficier dieses Plotons steht hinter dem Officier im 2ten Gliede. Der Hornist dieses Officiers bleibt in dessen Nähe, und schließt zu dem Ende das 1ste Ploton hinter der 2ten Rotte.

Ist noch ein dritter Officier vorhanden, so steht derselbe auf dem linken Flügel, der auf diesen Platz bestimmte Unterofficier hinter ihm im 2ten Gliede, sein Hornist hinter dem 5ten Ploton, und zwar hinter der 2ten Rotte vom linken Flügel.

Die Art der Zusammenziehung ist folgendergestallt:

Geschiehet die Zusammenziehung nach der Mitte, so machen auf das Signal: Sammelt euch! die Schützen des rechten Flügelbataillons Links um, die des linken Flügelbataillons Rechts und die des Bataillons der Mitte Links und Rechts um, nehmen die Büchse zur Seite rechts, formiren sich zuvörderst Kompagnieweise in Sektionen, und begeben sich zu denen der 3ten Division des mittleren Bataillons, die, geschiehet die Zusammenziehung vor der Front, stehen bleiben, geschiehet sie aber hinter der Front, bis hinter den Musikzug gerade zurückgehen, wo alles nach und nach Front macht, die Büchse wieder hoch im rechten Arm nimmt, und auf seinen Platz tritt.

Geschieht die Zusammenziehung auf den rechten Flügel, so machen sämmtliche Schützen Rechts um, und begeben sich zu denen der 1sten Division des rechten Flügelbataillons, die sich wie die der 3ten Division des Bataillons der Mitte verhalten, wenn die Zusammenziehung nach den Mitte erfolgt.

Wird auf dem linken Flügel zusammengezogen, so haben die Schützen der 4$^{\underline{ten}}$ Division des linken Flügelbataillons dies zu beobachten.

Die Formirung einer schwächern Schützen Abtheilung ergiebt sich hieraus von selbst. So z.B. formiren die Schützen eines Bataillons 2 Plotons zu 10 Rotten, jedes Ploton in 2 Sectionen zu 5 Rotten abgetheilt. Die Eintheilung und Stellung der Ober- und Unter-Officiers bestimmt das Vorhergehende. Die Zusammenziehung geschieht mit Anwendung der nehmlichen Regeln, die dreyen Bataillons gegeben worden ist.

§ 28

Wenn die hinter der Front des en Ligne aufmarschirten Regiments befindlichen Schützen vorgezogen werden sollen, so läßt der Kommandant des Regiments, durch den ihm zunächst befindlichen Hornisten, das Signal 9 Schützen vor! geben. Hierauf machen sämmtliche Schützen rechts um, nehmen die Büchse zur Seite rechts, gehen im schnellen Geschwindschritt um den rechten Flügel der halben Division, die sie schließen, herum, wozu die im 1sten und 3ten Gliede stehenden Officiers und Unterofficiers ihnen auf die nehmliche Art Platz machen, als es das Exercier Reglement aufs Kommando: Eingerückt! wenn rückwärts chargirt worden ist, vorschreibt, und breiten sich 10 Schritte vor der Front in folgender Ordnung aus:

Von jeder ungeraden halben Division, schreitet der zuerst durch die Lücke gehende Schütze 10 Schritt gerade vor, und bleibt dann stehen; die diesem folgenden Schützen, so wie die der geraden halben Divisionen, ziehen sich, sobald sie das 1$^{\underline{ste}}$ Glied paßirt haben, gleich links, und die ungeraden Nummern derselben alligniren sich, mit einem Abstand von 6 bis 8 Schritten an einander (je nachdem dies die Frontlänge erfordert, um sie ganz zu decken) nach den bereits stehenden Schützen, jede gerade Nummer aber stellt sich einen Schritt links hinter die Ungerade, die sie zu secundiren hat, mit gewöhnlichem Abstande als 2tes Glied. So wie jeder Schütze auf seinem Platze eintrifft, nimmt er die Büchse in den linken Arm. Die Unterofficiers treten mit möglichster Geschwindigkeit ins Allignement, befördern die Richtung und Formirung, und begeben sich, wenn diese mit Ordnung und Ruhe geschehen, indem die ebenfalls die Büchse in den linken Arm nehmen, zwey Schritte hinter die Mitte ihrer Schützen.

Die Officiers mit ihren Hornisten gehen durch die Lücke der 5ten halben Division durch, und nehmen ihren Platz drey Schritte hinter der Mitte der Schützen ihres Bataillons, jeder seinen Hornisten einen Schritt hinter sich zur linken Seite. Es sind jedoch die Officiers an keinen bestimmten Platz gebunden, sondern sie begeben sich dahin, wo die Umstände ihre Gegenwart erfordern, wobey jeder Hornist immer seinen Officier begleitet.

§ 29

Dergestallt formirt rückt die Schützenlinie nun weiter vor, wozu der älteste Officier das Signal 1 Avancirt! ertheilen läßt, und wobey der Grundsatz beobachtet wird, daß sich die Schützen gegen feindliche leichte Infanterie, Jäger oder Schützen höchstens 200 Schritte, und nur nach Maasgabe des Terrians weiter, gegen feindliche Kavallerie in den Ebenen aber nicht über 20 Schritte vom Bataillon entfernen.

§ 30

Geschiehet die Formierung der ausgedehnten Ordnung während des Frontmarsches, d.h. werden die Schützen z.B. im Avanciren einer Linie vorgezogen, so geschieht die Ausdehnung nach den nehmlichen Regeln, mit dem Unterschiede jedoch, daß das Vorgehen im Laufen geschiehet, und daß die zuerst ins Allignement eintreffenden 4 Schützen der ungeraden 4 halben Divisionen 20 Schritte gerade vorlaufen, hierauf aber in den Ordinair-Schritt fallen, und so lange darin gerade fortmarschiren, bis die andern Schützen sich allignirt haben, und das Signal zum Geschwindschritte gegeben wird, wobey die Grundsätze des Frontmarsches angewendet werden, die weiterhin bestimmt werden sollen.

Geschiehet das Vorziehen der Schützen im Retiriren, so machen sie auf das Signal: Schützen vor! Links um, gehen in möglichster Geschwindigkeit durch die Abtheilungslücken durch, und verfahren ferner nach der im 28$^{\underline{ten}}$ § enthaltenen Vorschrift. Die Umstände bestimmen sodann, ob die Schützen noch weiter vorgehen, ob sie stehen bleiben, oder ob sie sogleich die Retraite mit ihrer Infanterie fortsetzen müßen.

§ 31

Läßt der Regiments- oder Bataillons Commandant Apell schlagen, so ist dies das Zeichen, daß die Schützen die Front befreyen und hinter das Regiment auf ihre Plätze zurückgehen sollen. Der ältere Officier lässt hierauf sogleich das Signal 10 Schützen zurück! ertheilen. Das Zurückgehen geschiehet laufend, wobey die Büchse zur Seite rechts getragen wird; nur bestimmt der Umstand, ob sich die Schützenlinie auf 100 und mehrere, oder nur auf 20 Schritt von ihren

Bataillons entfernt befindet, und ob Geschütz auf den Flügeln derselben vorhanden ist, oder nicht, die Art des Verfahrens, ob sich nehmlich die Schützen gerade auf die Front oder auf die Flügel Bataillons zurückziehen.

Haben nehmlich die Bataillons Geschütz bey sich, so dass die Intervallen nicht leer sind, so machen sämmtliche Schützen auf das gegebene Signal 10 Rechts um, die 8 rechten Flügelleute der 8 halben Divisionen brechen rechts rückwärts aus; die übrigen Schützen folgen ihnen nach ihrer Rangirung nach, und zwar mit vergrößerten Schritten, um sich Mann an Mann aufzuschließen. So paßieren die Schützen, nebst Officiers, Unterofficiers und Hornisten, wieder die nehmliche Lücke in den Bataillons, durch welche sie vorgegangen sind, und die ihnen hierzu gleichermaßen geöffnet werden. Jeder Schütze begiebt sich, sobald er das 3te Glied paßirt hat, durch Rechts herstellen und successives Auflaufen auf seinen Platz, auf welchem ein jeder die Büchse wieder hoch in rechten Arm nimmt. Ein gleiches Verfahren wird beobachtet, wenn sich die Schützenlinie nur auf 20 Schritte von ihren Bataillons entfernt befindet.

Ist hingegen kein Geschütz in der Intervalle befindlich und die Schützenlinie auf 100 und mehrere Schritte von ihren Bataillons entfernt, so machen auf das zum Zurückziehen gegebene Signal die Schützen des rechten Flügels Rechts – die des linken Flügels aber Links um in dieser Direction laufen die Schützen beyder Flügel auf der gehabten Frontlinie gerade fort, wobey jedoch die vordersten Schützen ganz kurz schreiten, damit sich die übrigen um so schneller, und zwar zu 2 Gliedern aufschließen können. Sind die Schützen beysammen, und haben sie den Punkt erreicht, von welchem sie perpendikulär auf die

Intervalle zurückgehen können, so machen sie auf das Commando ihrer Unter-Officiers Kompagnieweise rechts- und resp. links um, gehen durch die Intervalle durch, machen wenn sie über die Linie der Schließenden hinaus sind , nochmals Rechts- resp. Links um, und begeben sich, indem sie solange gerade fortgehen, bis sie sich hinter ihren halben Divisionen befinden, durch Rechts- resp. Linksherstellen auf ihre Plätze, woselbst jeder die Büchse wieder hoch in rechten Arm nimmt. Die Officiers und Hornisten gehen allezeit um denjenigen Flügel herum, welchem sie sich zunächst befinden.

Regel ist es aber in beyden Fällen, die Front so schnell als möglich zu befreyen; daher soll das Zurückziehen der Schützen mit der größten Geschwindigkeit geschehen.

In einem cupierten Terrain, welchen der Regiments- oder Bataillons-Kommandat nicht übersehen kann, ist auch dem Schützenofficier die Freyheit überlassen, die Schützen zurück zurufen, weil ihre Verhältniße zuweilen dazu nöthigen könnten.

§ 32

Sollen die Scharfschützen zur Formirung der Avantgarde bey dem in der Marschkolonne befindlichen Regimente vorgezogen werden, so formiren sie sich hierzu auf folgende Art:

Auf das Signal: Schützen vor! welches der Regimentskommandant blasen läßt, laufen die Schützen, wenn rechts abmarschirt ist, um die rechten, und wenn links abmarschirt ist, um die linken Flügel der halben Divisionen nach der Tete, und formiren sich daselbst in Kolonnen mit Plotons.

Hier wird folgende Eintheilung gemacht:

1) Zum Vortrupp 1 Officier, 3 Unterofficiers, 1 Hornist und 40 Schützen

2) Zu Seitentrupps: rechts 1 Unterofficier und 6 Schützen, links eben so viel.

3) Der Haupttrupp behält demnach: einen und zwar den ältern Officier, 5 Unterofficiers, 1 Hornisten und 48 Schützen in 3 Plotons zu 8 Rotten formirt.

Der Vortrupp detachirt: einen Unterofficier und 14 Schützen zur Spitze, und 4 Schützen rechts und eben so viel links zu Seiten-trupps. Der Vortrupp behält sodann einen Officier, 2 Unter-Officiers, einen Hornisten und 18 Schützen in einem Zuge formiert.

Der Unterofficier der Spitze detachirt 2 Schützen gerade vor sich zum Frontblänkern, und 2 Schützen rechts, und 2 Schützen links zum Seitenblänkern, so daß er noch 8 Schützen bey sich behält.

Tritt die Kolonne an, so setzt sich der Haupttrupp 200 Schritte vor die Tete, der Vortrupp 100 Schritte vor jenen, und die Spitze 100 Schritte vor den Vortrupp.

Front und Seitenblänker werden von der Spitze 100, von dem Vortrupp aber 200 Schritte vor und zur Seite geschickt. Die von dem Haupttrupp detachirten Seitentrupps entfernen sich von diesem bis auf 200 Schritte, und detachiren, noch jeder 2 Seitenblänker noch 100 Schritte weiter.

Hierdurch wird das Terrain 500 Schritte vorwärts und 300 Schritte seitwärts gedeckt. Jedoch hängt es von dem Regiments-kommandanten ab, nach Maasgabe der Umstände und des Terrains, andere zweckmäßige Anordnungen hierbey zu treffen. Dem Zwecke der Avantgarde aber ist es gemäß, die Entfernung derselben von der Colonne allezeit demnach mit festzusetzen, als die Colonne Zeit zum Aufmarsche braucht.

§ 33

Marschiren mehrere Regimenter zusammen, so schicken die mittleren, ohne besonderen Befehl, keine Schützen zur Avantgarde vor, dagegen detachiren sie Seitetrupps von einem Unterofficier und Schützen rechts und links auf 200 Schritte, die wieder 2 Seitenblänker noch 100 Schritte weiter zur Seite schicken. Umstände bestimmen jedoch auch hier, ob die Seitentrupps nur auf eine Seite abzuschicken und zu verstärken sind.

§ 34

Die Formirung einer Arriergarde bestimmt sich von selbst nach obigen Grundsätzen. Der Haupttrupp bleibt 200 Schritt hinter dem Regiment, der Nachtrupp 100 Schritt hinter dem Haupttrupp und die Queue 100 Schritte hinter dem Nachtruppe.

§ 35

Werden Avant- und Arriergarde zugleich formirt, so werden zu jeder die Hälfte der Schützen genommen, oder nach Erforderniß der Umstände, der einen mehr Stärke als der andern gegeben.

§ 36

Die Formirung der Avant- und Ariergarde eines einzelnen Bataillons ergiebt sich hinlänglich aus dem Vorhergehenden. Sind nehmlich z.B. sämmtliche Schützen zur Avantgarde bestimmt, so werden zum

Vortrupp 2 Unterofficiers und 16 Schützen gegeben, von welcher 1 Unterofficier und 6 Schützen zur Spitze, von dieser aber 2 zum Frontblänkern detachirt werden. Der Officier behält dann im Haupttruppe 2 Unterofficiers, 1 Hornisten und 24 Schützen, von welchen er rechts und links 2 Seitenblänker seitwärts abschickt.

Sechster Abschnitt

Von der Chargirung

§ 37

Gut zu treffen, ein ununterbrochenes Feuer zu unterhalten, und sich untereinander gegenseitig zu unterstüzzen, dies ist in der Chargirung der ausgedehnten Scharfschützen das wesentlichste Erforderniß. Hieraus folgt, daß der Schütze bei jedem Schuße genau zielen, und seine Büchse mit Vorsicht und Ordnung laden müße; daß kein Schütze eher schieße, als bis er seinen Gegner in der gehörigen Schussweite habe, damit die Munition nicht vergeblich verbraucht werde, wodurch man sich bey dem Feinde eben so verächtlich, als man sich im Gegentheile geachtet macht, wenn die Schüße wirksam sind. Es muß jedoch der Schütze in einer die gewöhnliche Schußweite übertreffende Distanz sein Ziel zu erreichen verstehen, weil es Fälle giebt, wo ein solches weites Zuschießen nothwendig und nützlich seyn kann; endlich, daß ein Schütze den andern, ein jeder Zug sich selbst, und ein Zug den andern dergestallt unterstüzze, dass immer Theil geladen hat, wenn der andere feuert.

§ 38

Zur Bewirkung dieser gegenseitigen Unterstüzzung sind die Schützen zu Zweyen eingetheilt. Es muß ihnen eingeprägt und strenge darauf gehalten werden, daß keine Nummer die andere, zu welcher sie getheilet worden, verlaßen, sondern daß sie immer sich gegenseitig an einander gebunden halten. Diesem gemäß dürfen in der ausgedehnten Ordnung diese 2 Nummern nie zugleich schießen, sondern es muß, indeß No.1 ladet, No.2 wenn es nöthig ist, im Anschlage liegen bleiben, den auf ihn loskommenden feindlichen Blänker, Schützen oder Jäger stets auf dem Korne zu behalten suchen, aber nicht eher losdrücken bis No.1 mit Laden fertig ist, da dann dieser daßelbe zu beobachten hat. Käme indeß ihr Gegner gar zu nah oder sie sähe ihn auf sich zielen, so dass sie selbst bey längern Aufschub Gefahr liefe, so erheischt es ihre Sicherheit, sobald sie jenen gut und richtig gefaßt hat, loszuschießen; die ihm zugetheilte Nummer muß aber dann um so geschwinder laden, um wieder zur Vertheidigung bereit zu seyn.

§ 39

Das Chargiren auf der Stelle in der ausgedehnten Ordnung geschiehet auf folgende Art:

So wie das Signal 12 Chargirt! erfolgt, machen sich sämtliche Schützen mit Ausschluß der Unterofficiers, fertig, die Schützen des ersten Gliedes schreiten 4 lebhafte Schritte vor, und setzen mit dem 5ten den linken Fuß vor. Das Feuern fängt nunmehr in jeder Kompagnie vom rechten Flügel an. Sobald der Schütze No.1 gefeuert hat, tritt er mit 4 lebhaften Schritten wieder auf seinen Platz zurück, um daselbst zu laden, dagegen der ihn unterstüzzende Schütze No.2, vier

Schritte gerade vorgeht, mit dem 5ten den linken Fuß vorsetzt, anschlägt, zielt, nach Erforderniß losschießt, und mit 4 Schritten wieder auf seinen Platz zurück tritt, jedoch dieses immer nicht eher, als bis No.1 geladen hat. No.1 geht dann abermals vor, und so wird ferner in der ganzen Linie verfahren.

Wenn bey der Chargirung auf der Stelle die Schützen Gelegenheit finden, sich durch irgend einen Terraingegenstand zu decken, so fällt das Vor- und Zurücktreten, daß nur zur Absicht hat, im feindlichen Feuer besonders in der Ebene nicht stille zu stehen, von selbst weg, auch ist es dann gleich, ob die sich unterstüzzenden zwey und zwey Schützen hinter- oder nebeneinander stehen, nur bleibt die wechselseitige Unterstüzzung im Feuern unverändert.

§ 40

Im Avanciren machen sich die Schützen auf das Signal: Chargirt! ebenfalls fertig, nur alles fällt in den Ordinärschritt. Die Schützen des ersten Gliedes aber rücken ferner wie auf der Stelle 4 lebhafte Schritte vor, und das Feuer beginnt gleichergestallt wie auf der Stelle. Indeß ladet jeder Schütze auf dem selben Platze, wo er gefeuert hat, und springt nicht zurück. No.2 bleibt im Marsch, No.1 folgt, wenn die Ladung vollendet ist, dem Schützen No.2 nach, und ist diese Nummer in der Entfernung eines Schrittes erreicht, so rückt sie 4 lebhafte Schritte vor, schlägt an, zielt, schießt und ladet auf der Stelle. No.1 bleibt ebenfalls im Marsch, und ist No.2 heran, so tritt erstere abermahls zum schießen vor. Auf diese Art wird wechselweise bey allen Rotten verfahren. Die Richtung ist nach der Mitte.

§ 41

Wird im Retiriren chargirt, so machen auf das Signal: Chargirt! die sämtlichen Schützen sich fertig, die im ersten Gliede aber zugleich Rechtsumkehrt, und setzen den linken Fuß vor, die Schützen des 2ten Gliedes nehmen den Ordinairschritt an, und setzen den Marsch fort. Das Feuer der Schützen No.1 nimmt nun seinen Anfang wie bey der Chargirung auf der Stelle. Wenn No.1 geschoßen hat, geht sie ladend im Geschwindschritt zurück, so wie sie eben No.2 paßirt, fällt sie in den Ordinairschritt. No.2 hält, macht Front, und setzt den linken Fuß vor, so wie No.1 geschoßen hat; sie schießt aber nicht eher, als bis No.1 mit der Ladung fertig ist; dann geht sie ladend im Geschwindschritt zurück, und No.1 hält, so wie No.2 gefeuert hat, u.s.w. Die Richtung wird nach der Mitte genommen.

§ 42

Wird während des Marsches mit rechts oder links um chargirt, so fällt die Linie in den Ordinairschritt; No.1 die schießen will, macht Front, tritt 4 lebhafte Schritt gerade vor, setzt bey dem $5^{\underline{ten}}$ den linken Fuß vor, schlägt an, zielt, schießt, und begiebt sich ladend auf dem Platze von No.2 in das $2^{\underline{te}}$ Glied, die indeß den Platz von No.1 eingenommen, und so wie diese geladen hat, Front macht, vier Schritte vortritt, schießt und ferner wie jene verfährt, u.s.w. Die Richtung ist nach dem ersten Gliede, und wird durch die daselbst vorgerückten Unterofficiers unterhalten.

§ 43

Soll das Feuer aufhören, es mag auf der Stelle, im Front- oder im Flankenmarsch chargirt werden, so wird das Signal 13 Nicht chargirt! gegeben. Wer im Anschlage liegt setzt ab, und sämtliche Schützen setzen den Hahn in die Ruhe, legen die Büchsen in den linken Arm, und treten auf ihren Platz in dasjenige Glied zurück, in welches sie gehören.

§ 44

In der geschloßenen Ordnung finden folgende Chargirungsraten statt:

a) mit Rotten

b) mit Sectionen

c) mit Gliedern

d) mit ganzer Division

e) die Generaldecharge

§ 45

a) mit Rotten

Der Divisionskommandant commandirt:

Habt acht!

Mit Rotten – zu chargiren!

Die Plotonskommandanten rücken aus und treten durch links herumdrehen einen Schritt vor die 3te Rotte ihres Plotons, daß sie an derselben mit rechtsum zu stehen kommen.

Auf das nun folgende Kommando:

Chargirt!

rückt das 2te Glied auf die Lücken, und sämtliche Plotonskommandanten commandiren:

Zwey Rotten – Fertig!

An! Feuer! G'laden!

Dies befolgen die 2 ersten Rotten, auf Feuer machen sich die 2 folgenden Rotten fertig, und die Plotonskommandanten treten vor die 5te Rotte.

Hier kommandiren sie ferner und ohne auf einander zu warten:

An! Feuer! G'laden!

Auf Feuer machen sich die 2 nächsten Rotten fertig, und die Plotonskommandanten rücken weiter.

Bey ungeraden Rotten macht sich die letzte mit den 2 nächsten fertig.

Haben die letzten Rotten chargirt, so begiebt sich der Plotonskommandant wieder vor die 3te Rotte, und lässt die 2 ersten von neuem fertig machen und feuern, u.s.w.

Auf das Signal: Nicht chargirt! erfolgt das Kommando:

Hahn in Ruh!

worauf die sich fertig gemachten Rotten den Hahn in die Ruhe setzen, und die Büchse hoch in rechten Arm nehmen, dann aber die Plotons Kommandanten auf ihre Plätze zurücktreten.

Hierauf folgt das Kommando des Divisions Commandanten:

Rotten – Richt euch!

§ 46

b) mit Sectionen

Dieses Feuer wird ganz nach Vorschrift des Exercier Reglements gemacht; da die Schützen jedoch nur 2 Glieder hoch stehen, und das 1$^{\underline{ste}}$ Glied nicht niederfällt, so ist in dieser Stellung die besondere Vertheidigung des 1sten Gliedes bey diesem Feuer nicht anwendbar. In der Stellung mit 4 Gliedern aber, wenn durch Duplirung der Plotons der Front mehr Festigkeit gegeben wird, wo dann das 1ste Glied niederfällt, findet die besondere Verteidigung desselben durch Senkung des Bajonets – welches zuvor aufgepflanzt worden ist – wie bey der Linien Infanterie statt; das 4te Glied aber feuert nicht mit, sondern macht sich sectionsweise in ihrer Tour mit fertig, und bleibt so stehen, um breit zu seyn, in dringenden Fällen, durch Hochanschlagen auf die Brust der anprellenden feindlichen Reiter zielend, ihr Feuer zu geben.

§ 47

c) d) und e) mit Gliedern, mit ganzen Kompanien und die Generaldecharge

Das Exercierreglement giebt zu diesen Chargirungsarten die Vorschrift. Mit dem Kommando zur Generaldecharge wird das Gewehr aufgepflanzt.

§ 48

Was die Anwendung dieser verschiedenen Chargirungsarten betrift, so giebt das Exerzirreglement hierüber zureichende Anleitung; nur über den Gebrauch des blos bey den Schützen üblichen Rottenfeuers wird bemerkt, daß sich deßen in verdeckten Oertern gegen in Trupps anrückende feindliche Kavallerie bedient werden soll, da es wie ununterbrochenes Feuer unterhalten und dem Schützen Gelegenheit giebt, wenn die Plotons Kommandanten sich im comandiren nicht zu übereilen, gut zu zielen.

§ 49

Alle diese Feuer werden auch mit der Front des 2ten Gliedes gemacht, nachdem zuvor, nach Vorschrift des Exerzirreglements, zum Rückwärtschargiren angetreten worden.

Siebenter Abschnitt
Von den Bewegungen in der ausgedehnten Ordnung

§ 50

Wenn avancirt werden soll, und vorher bestimmt worden ist, welches Bataillon die Direction hat, so wird das Signal 1 Avancirt! geblasen, der Unterofficier der 3ten Division springt 4 Schritte vor die Mitte vor, der rechte Flügel wirft die Augen links, und die Linie tritt an. Fuß und Richung werden nach der Mitte genommen, und der Abstand zwischen den Rotten muß beybehalten werden.

Erfolgt das Signal 8 Halt! so steht die Linie stille, der vormar-schirende Unterofficier rückt ein, und sämtliche Unterofficiers suchen mit möglichster Kürze die Richtung herzustellen, die nach dem Directions-Bataillon genommen wird.

§ 51

Soll retirirt werden, so erfolgt Signal 2 Retirirt! Die Linie macht Rechtsumkehrt, der Unterofficier der 3$^{\underline{ten}}$ Division springt 4 Schritte zum Vormarschiren vor, der linke Flügel wirft die Augen links, und die Linie tritt an, Fuß und Richtung nach der Mitte nehmend.

Auf das Signal: Halt! macht alles Front, und die Unterofficiers besorgen die Richtung.

§ 52

Welche Signale zu allen solchen Marsch-Directions gegeben werden sollen, die von dem Perpendikularn abweichen, und wie diese Signale zu befolgen sind; dies ist bereits im 3$^{\underline{ten}}$ Abschnitt vorgeschrieben worden. Es bedarf daher hierüber nur noch folgender Erklärung:

a) das Ziehen wird durch die Achtelswendung rechts oder links bewerkstelligt, je nachdem rechts oder links gezogen wird; in beyden Fällen rückt in jedem Bataillon der Unterofficier derjenigen Flügel-Division, nach welcher gezogen wird, 4 Schritte vor, um Tritt und Direction des Marsches anzugeben. Erfolgt das Signal 7 G'rad – aus! so macht jeder Schütze die entgegengesetzte Achtels-wendung, der Flügelunterofficier rückt ein, und die Linie nimmt wieder Tritt und Richtung nach der Mitte.

b) Wird das Zeichen zur Wendung geblasen, so rücken sämtliche Unterofficiers 4 Schritt vorwärts des 1ten Gliedes vor, um Tritt und Richtung anzugeben. Wird wieder in den Frontmarsch gefallen, so begeben sie sich auf ihre Plätze zurück.

c) Wenn ein Flügel vorgenommen wird, so bewerkstelligt dies eine ausgedehnte Schützenlinie zwar im Allgemeinen nach der nehmlichen Regel, die bey der Directions-veränderung bei der Linien-Infanterie Statt findet, die Linie wird jedoch nicht gebrochen, und die Schwenkung geschieht auf allen Punkten der Linie zugleich. Es wird nehmlich in der Schützenlinie 3er Bataillons auf das Signal: Rechter Flügel vor! der rechte Flügel in den laufenden Schritt, die Mitte in den Geschwindschritt, der linke Flügel aber den Ordinairschritt annehmen, und so lange mit möglichst beybehaltener Richtung und beobachtetem Abstande der Rotten darin fortfahren bis das Signal: G'rad aus! erfolgt, worauf die Linie wieder den vorher gehabten Schritt annimmt, die vormarschirenden Unterofficiere sich aufeinander richten, und alles auf der Perpendikularen gerade fortschreitet.

§ 53

Werden die Bewegungen in Verbindung mit dem Regiment oder einer andern Linie geschloßener Infanterie, zur Deckung derselben, ausgeführt, so hat der kommandirende Officier der Schützen immer darauf zu achten, daß er sich nicht zu weit von dieser Linie entferne, und die Parallele mit derselben möglichst erhalte. Auch werden die Verhältniße bestimmen, ob es nöthig ist, nächst der Deckung der Front, auch auf die der Flanken Bedacht zu nehmen. Ist dies z.B. rechts der Fall, so wird er nach Erforderniß rechts ein oder zwei Plotons detaschiren, welche in ausgedehnter Ordnung eine auf die Frontlinie senkrecht fallende Stellung nehmen, und beym Frontmarsche mit der Wendung marschiren. Die in der Front stehenden Schützen müßen dann dergestalt auseinander gezogen werden, daß sie danach die ganze Front gehörig decken.

§ 54

Das Verhalten der Schützen bey den Aufmärschen oder sonstigen Bewegungen der Infanterie, können nur die jedesmaligen Verhältniße bestimmen; bald werden sie die Front, bald die Flanken, bald diese und jene zugleich zu decken haben; bald werden sämtliche Schützen, bald nur ein Theil derselben hierzu erfordert werden. Immer aber werden sie die beym Frontmarsche ihnen vorgeschriebene Ordnung dabey zu beobachten haben, auch ihr Verfahren stets den jedes Mal vorfindenden Terrain anpaßen, jeden Gegenstand desselben benutzen, so z.B. vorliegende Gräben, Büsche, Höfe u.d.g. besetzen, und solche gut und so lange vertheidigen, bis die zu deckende Infanterie ihren Aufmarsch vollendet, und sich in gehörige Verfaßung gesetzt hat.

Zu dem Verhalten bey einigen besondern Bewegungen der Infanterie soll hiernächst folgendes zur Anleitung dienen.

§ 55

Soll ein Regiment vorwärts über eine Brücke gehen, die von dem Feinde vertheidigt wird, so müßen die Schützen an der Spitze des Regiments gegen dieselben anrücken, den Feind vom diesseitigen Ufer vertreiben und sich daselbst festsetzen. Das Regiment wird seinen Schützen in einer oder mehreren Linien folgen, und entweder die Schützen zurückziehen, um mit der Linie zu chargiren, oder die Schützen vor der Front laßen, um den Uebergang sogleich zu übernehmen. Die Schützen paßiren die Brücke zuerst. Sie gehen mit Links- und Rechtsum aus der Mitte abmarschirt im Geschwindschritte über dieselbe, und haben einen Vortrupp vor sich, der sich sogleich ausbreitet und feuert; die übrigen marschiren rottenweise rechts und links auf, rücken vor, setzen sich fest, und chargiren. Das Regiment folgt in 2 Colonnen aus der Mitte; und so wie es nach und nach en ligne aufmarschirt, ziehen sich die Schützen successive in ihrer Mitte auseinander so, daß die Front des aufmarschirten Theils des Regiments sich nun frey befindet, die Aufmaschirenden aber dagegen durch sie gedeckt werden, und sie sich endlich auf beyden Flügeln des Regiments zur Deckung der Flanken aufgestellt befinden.

§ 56

Geschieht ein dergleichen Uebergang im Retiriren, so wird ein Theil der Schützen zuerst über die Brücke geschickt, um sich an dem jenseitigen Ufer auszubreiten, und durch ihr Feuer den Flanken mehr Sicherheit zu bewürken. Der übrige Theil der Schützen ist auf beyden Flügeln des Regiments vertheilt, und zieht sich allmählig nach der Mitte in geschloßener Ordnung zusammen, so wie das Regiment succesive von beyden Flügeln rückwärts nach der Mitte abfällt, und in 2 Colonnen die Brücke paßirt. Diese Schützen paßiren durch Abfallen der Rotten von beyden Flügeln nach der Mitte zuletzt, bleiben am jenseitigen Ufer noch solange aufmaschirt stehen, als es die Sicherheit des Regiments, oder sonst die Absicht der Unternehmung erfordert, und rücken endlich in das Regiment ein, oder folgen demselben in der ausgedehnten Ordnung nach, wenn daßelbe seinen Rückzug weiter fortsezzen sollte.

§ 57

Wenn das Regiment sich in ein Quarrée formirt, so decken die in ausgedehnter Ordnung 10 Schritt vor der Front sich befindenden Schützen die Formirung deßelben. Sie folgen den sich in den Flanken und der Queue einschwenkenden Zügen nach, und bleiben rings um das Quarrée verbreitet. Werden sie eingerufen, so ziehen sie sich schnell durch die Abtheilungs Lücken in das Innere des Quarrées, und bleiben hinter ihren halben Divisionen stehen, von wo sie nicht weniger bemühet seyn müßen, durch zweckmäßige wohlangebrachte Schüße, zwischen den Rotten durchzielend, dem Feinde Abbruch zu thun; die Schützen derjenigen halben Divisionen aber, welche die Ecken des Quarrées bilden, stellen sich, wenn eine Kanone daselbst vorhanden, zur Deckung derselben in geschloßener Ordnung hinter dieser Kanone, und ist keine in der Ecke befindlich, dergestalt in dem daselbst seyenden offenen Raum, daß sie denselben stumpfwinklig schließen.

Setzt sich das Quarrée in Marsch, so rücken die Schützen aus, oder schicken, nach Erforderniß der Umstände nur einzelne Blänker vor.

Soll das Quarrée en Ligne aufmarschiren, so gehen die Schützen vor die Front und decken den Aufmarsch,

§ 58

Bey den Bewegungen der Infanterie en Echelon und en Echequier so wie bey dem Ablösen der Treffen muß die Aufmerksamkeit der Schützen dahin gehen, sowohl die Flanken der einzelnen Bataillons als insbesondere die Flanken der ganzen Linie zu decken, auch diese

Bewegungen durch ein zerstreutes, ununterbrochenes Feuer dem Feinde zu verbergen.

§ 59

Wenn einerseits die Bestimmung der Schützen dahin gehet, besonders die Flanken ihrer Infanterie zu sichern, so ist anderseits ihr Zweck die Flanken des Feindes zu beunruhigen, und ihn sogar, wenn es nur irgens das Terrain erlaubt, zu umgehen, und sich in den Rücken deßelben zu werfen. Zu dieser Absicht werden sie bey den Angriffen der Infanterie als Flügelreserven hinter einem oder beyden Flügeln derselben in geschloßenen Kolonnen aufgestellt, um sich während des Angriffs schnell schräg gegen die Flanken des Feindes zu entwickeln, und hierdurch dem Frontalangriff ihrer Infanterie mehr Nachdruck zu geben.

Dagegen kann man die Schützen auch zu Scheinangriffen auf die Front des Feindes benutzen, indeß man den wahren Angriff mit der Linien-Infanterie auf eine der Flanken unternimmt.

§ 60

Auch zur Deckung einer Wagenburg ist sich der Schützen zu bedienen; sie werden auf und unter die Wagen postirt, um die feindliche Cavallerie wenn sie Versuch machen will auf die Wagen heranzuprellen, durch ihr Feuer sofort in der Entfernung im Respeckte zu erhalten und ihr Abbruch zu thun.

Bey der fahrenden Wagenburg verhalten sie sich ohngefähr wie bey dem marschirenden Quarré.

Achter Abschnitt

Von der Bewegung in geschloßener Ordnung

§ 61

Die Grundsätze und Bewegungen in geschloßener Ordnung sind bey einer Schützenabtheilung in gleiche Gewandung zu bringen, wie solche eine jede Abtheilung der Linien-Infanterie nach Vorschrift des Exercierreglements zu beobachten hat. Wenn jedoch der Schütze bey allen Gelegenheiten eine vorzügliche Gewandheit und Schnelligkeit an den Tag legen soll, so muß er diese Eigenschaften auch auf die Bewegungen in geschloßener Ordnung über zu tragen verstehen.

Daher muß sich der Marsch einer geschloßenen Schützen-abtheilung durch einen weiten, fließenden und entschloßenen Schritt auszeichnen, durch welchen in die Augen fallend, Terrain gewonnen wird. Die Stellung ist ungezwungen und die Fühlung sehr leise. Jede Bewegung muß kurz, schnell, ruhig und mit Ordnung ausgeführt werden, und die größte Fertigkeit einer Schützenabtheilung darin bestehen, sich ebenfalls so schnell in der ausgedehnten Ordnung ausbreiten und zerstreut fechten, als mit eben der Schnelligkeit sich wieder stellen und in einem geschloßenen mit Ordnung zusammengesetzten Körper formiren zu können.

Demgemäß hat eine Schützenabtheilung, nächst den im Exercierreglement vorgeschriebenen Bewegungen der Infanterie, das Ausdehnen und Zusammenziehen nach folgender Vorschrift auszuführen. Grundsatz aber bleibt es hierbey, daß da, wo das Terrain oder die Verhältniße es nur irgend zulaßen, in die ausgedehnte Ordnung überzugehen, und zerstreut zu fechten, die geschloßene Ordnung so gleich verlaßen werden soll. Hierbey findet jedoch die Beobachtung eines 2ten Grundsatzes statt, nehmlich: daß sich niemals die ganze Abtheilung – wird sie nicht durch Linien-Infanterie besonders unterstützt – zum Zerstreuungs-gefechte trennen und ausbreiten, sondern jederzeit nach Verhältniß ihrer Stärke, einen geschloßene Reserve hinter sich behalte, die ihr zur Unterstützung diene.

§ 62

Dieses Zerstreuen einer geschloßenen Schützen-Division nennt man Schwärmen, Plänkern, Flankiren; Bewegungen die ihrer Bedeutung nach gleich sind, und die eigentliche Fechtart des Schützen in der ausgedehnten Ordnung bezeichnen. Das Schwärmen geschieht entweder vor der Front oder auf der Flanke, je nachdem Terrain oder Umstände es erfordern.

Zu dem Frontschwärmen ist allezeit die linke Flügelrotte jeder Sektion bestimmt. Es wird hierzu das Signal:

Schützen vor!

gegeben, worauf diese Rotten, zehn Schritte gerade vorrücken, und sich hierbei ferner so verhalten, wie es bei dem Vorrücken der Schützen aus dem Bataillon geschieht. Mit hier geht der Officier des rechten Flügels und deßen Hornist, so wie die schließenden Unterofficiers des 2ten und 4ten Plotons vor. Der Officier leitet die Bewegungen und das Feuer des Schwarms, sorgt dafür, daß derselbe immer in einem dem Terrain und den Umständen angemeßenen Abstande von der Division bleibe, und erhält in dem Feuer des Schwarms selbst den nöthigen

Zusammenhang. Ist die zehen Schritte vorgerückte, schwärmende Linie formirt, so lässt der Officier zum Marsch vorwärts blasen, und geht nach seiner Bestimmung ab.

Findet er den Umständen angemeßen, die schwärmenden Schützen ablösen zu laßen, weil sie im Begriffe sind, sich zu verschießen, oder viel Verlust erhalten haben, so lässt er das Signal

Schützen vor!

geben. Dies giebt dem Kommandanten der Division zu erkennen, daß eine Ablösung der schwärmenden Schützen nothwendig wird. Er läßt hierauf das Signal

Schützen vor!

wiederholen, auf welches von jeder Sektion die zweite Rotte vom linken Flügel nebst den schließenden Unterofficiers des 1sten und 5ten Plotons wie jene vorbrechen, sich in die ausgedehnte Ordnung formiren und auf das Signal:

Vorwärts – Marsch!

bis an die schwärmende Linie vorrücken. Sind sie heran, so lässt der Officier des Schwarms das Signal:

Schützen zurück!

geben, worauf die abzulösenden Rotten nebst ihren Unterofficiers Rechtsumkehrt machen, durch die zur Ablösung vorgerückten Rotten durchgehen, und sich schnell in die geschloßene Division auf ihre Plätze zurück begeben, die ihnen immer offen erhalten werden müßen.

Soll der Schwarm gänzlich einberufen werden, so wird bei der Division das Signal:

Schützen zurück!

gegeben, und daßelbe bei dem Schwarm wiederholt, der sich dabei so verhält, wie es eben den abgelösten vorgeschrieben worden.

Ist es nöthig, auf einer Flanque zu schwärmen, so wird das durch die Flügel-Plotons geschehen, z.B. rechts: der Commandant lässt zuvörderst das Signal:

Rechts!

dann aber das Signal:

Schützen vor!

geben. Das 1te Ploton nebst seinem Officier und Hornisten machen rechts um, gehen 20 Schritt in der Frontlinie fort, hier bleibt die 1te Rotte stehen, macht eine Achtelswendung links, und die übrigen Rotten laufen links in die ausgedehnte Ordnung rottenweise auf, und aligniren sich nach der ersten. Das weitere Vorrücken und übrige Verhalten gründet sich auf das vorhergehende.

Soll dieser Schwarm wieder einrücken, so erfolgt bei der Division das Signal:

Schützen zurück!

und wird bey dem Schwarm wiederholt. Die schwärmenden Schützen machen hierauf links um, schließen sich allmählig auf, und rücken zusammen auf ihren Platz.

Wenn auf der linken Flanque geschwärmt werden soll, so wird das Signal:

Links!

dieses andeuten, und hiermit das 5te Ploton alles das entgegen-gesetzt beobachten, was das 1te Ploton rechts zu beobachten hatte. Ist kein Officier auf dem linken Flügel, so geht der des rechten Flügels mit vor.

Soll sich die ganze Division in die ausgedehnte Ordnung begeben, vorausgesetzt daß sie durch andere Truppen unterstüzt wird, so lässt der Commandant das Signal 14:

Ruf für das Ganze!

und hierauf das Signal:

Schützen vor!

blasen. Hierauf machen das 1te und 2te Ploton Rechts, daß 3te, 4te und 5te aber (die rechte Flügel-Rotte des 3ten Plotons ausgenommen, welche mit gerader Front stehen bleibt) Links um, und laufen dergestalt in der Verlängerung der Frontlinie nach beiden Flügeln hin, daß sie sich durch allmähliges Herstellen der Rotten, jede 6 – 8 Schritte von der andern entfernt, in die ausgedehnte Ordnung ausbreiten, hierbei aber die Richtung nach der Mitte nehmen. Soll diese Ausbreitung rechts geschehen, so erfolgt nach dem Signal:

Ruf für das Ganze!

das Signal:

Rechts!

dann aber:

Schützen vor!

Alles, bis auf die linke Flügel-Rotte, macht dann Rechts um; ferner wie vorstehend dem rechten Flügel vorgeschrieben worden. Geschieht die Ausdehnung links, so wird das Signal:

Links!

dieses bestimmen; dann bleibt die rechte Flügel-Rotte stehen; alle übrigen machen links um, und beobachten alle Uebrige, wie es eben dem linken Flügel vorgeschrieben worden.

Das Zusammenziehen der Division in die geschloßene Ordnung geschieht zwar nach Vorschrift des 27ten §, nur dass immer diejenige Rotte, nach welcher geschloßen wird, mit gerade Front und ohne ihren Platz zu verlaßen, stehen bleibt. Tritt aber der Fall ein, daß das Zusammenziehen erst hinter der Front einer vorrückenden Linie Infanterie geschehen soll, so wird zuvörderst das Signal:

Schützen zurück!

gegeben, hierauf durch diese Infanterie durchgegangen, und erst hinter deren Front zum Sammeln geblasen.

§ 63

Wenn in einer durchschnittenen Gegend die Angriffe feindlicher Cavallerie am wirksamsten in zerstreuter Stellung zurück-gewiesen werden können, so ist es dagegen nothwendig, sich bei dergleichen Angriffen in ebener Gegend zu einem geschloßenen Körper zu bilden, und mit denselben einem solchen Terraingegenstand zuzueilen, der seiner Beschaffenheit nach, dem Schützen eine beßere Vertheidigung darbietet.

Dieser geschloßene Körper kann aus einem Quarre oder einer Colonne bestehen. Die Verhältniße bestimmen die Wahl des einen oder des andern. Ist zu besorgen, daß der feindliche Angriff heftig sein möchte, und ist die Ebene, die man zu durchlaufen hat, von weitem Umfange, so wird die geschloßene Colonne die sicherste Schutzwehr darbieten, da, je fester und dichter der Körper sein wird, der Feind um so weniger in denselben eindringen und diesen zu zerstreuen im Stande, hiernächst auch eine solche

Colonne leicht und ohne Schwierigkeiten zu bewegen sein wird. Ist aber der Angriff in minderer Anzahl und minder nachdrücklich zu erwarten, so ist das Quarre vorzuziehen, daß zwar der Figur nach weniger Widerstand gewährt, jedoch seines innern leeren Raumes wegen, dem Commandanten deßelben eine beßere Uebersicht des Ganzes vorstellet, und im Allgemeinen die Erhaltung der Ordnung erleichtert.

§ 64

Die Formirung der Colonne geschieht folgendermaßen:

Auf das Commando des Commandanten:

Formiert die Colonne!

Links und Rechts – um!

machen auf das leztere Wort die 4te, 3te, 2te und 1te Section Links, die 7te, 8te, 9te und 10te aber Rechtsum, und brechen auf das nun folgende Commando:

Marsch_Marsch!

jede in sich dergestalt rückwärts aus, daß sie sich hinter der 5ten und 6ten Section, welche stehen bleiben, zur geschloßenen Colonne formiren, ohne hierzu ein weiteres Commando zu erhalten. Zugleich gehen, bei diesem Ausbrechen von einer jeden Section des linken Flügels die linke Flügelrotte die gewöhnlichen 10 Schritte vor, und breiten sich auf allen 4 Seiten der Colonne aus. So wie ein jeder Schütze auf seinen Platz gekommen, pflanzt er sogleich sein Bajonett auf, und die sämtlichen Unterofficiers treten auf die äußeren Flügel der Sectionen. Die Sectionen sind bis auf einen Schritt Distance auf einander geschloßen. Zwischen der 5ten und 6ten Section und so längs der Mitte der Colonne, wird ein gleicher Raum offen gelaßen, in welchem der Divisions-Commandant einen freien Gang findet. Sein Posten ist zwischen der 5ten und 6ten Section, und der des rechten Flügel-Officiers zwischen der 1ten und 10ten, jeder seinen Hornisten in der Nähe zwischen den Sectionen hinter sich habend.

Die Umstände werden es bestimmen, ob der Commandant für zuträglich hält die Schwärme außerhalb der Colonne zu laßen, oder sie zurückzuziehen. Soll das Leztere geschehen, so läßt er:

Schützen zurück!

blasen, worauf sie schnell auf ihre Plätze in der Colonne zurück gehen.

Mit diesem geschloßenen Körper, der im Stande ist, sich nach allen Seiten mit Leichtigkeit hinzugeben, nach allen Seiten Front zu machen und einen sichern Widerstand zu leisten, ja selbst anzugreifen, in den Feind einzudringen, und ihn durch den Stoß zu werfen; mit diesem geschloßenen Körper sucht der Commandant entweder sich dem feindlichen Angriffen zu entziehen, und sich in ein ihm günstiges Terrain zu werfen, oder er dringt mit fest aufgeschloßener Colonne und mit gefälltem Bajonette entschloßen in den Feind ein, wirft ihn über den Haufen, und bahnt sich so einen Weg mitten durch die Feinde.

Zur Vertheidigung auf der Stelle macht die Colonne auf das Commando:

Front!

dergestalt nach allen Seiten Front, indem die 1te und 10te Section Rechtsumkehrt, die beiden rechten Flügelrotten der 4ten, 3ten und 2ten Section Rechtsum, und die beiden linken Flügelrotten der 7ten, 8ten und 9ten Section Linksum machen, die Unterofficiere dieser 6 Sectionen aber, die von der rechten Flanque links, und die von linken Flanque rechts, in den daselbst befindlichen offenen Raum treten, so daß nach allen Seiten 2 Glieder die Front auswärts haben.

Auf das Commando:

Chargirt!

sind es die Schützen der nach allen Seiten Front gemachten 2 Glieder, welche einzeln ihr Feuer geben, wenn sie daßelbe mit Erfolg anbringen können, und wobei sich die Schützen einer Rotte wie gewöhnlich eiander sekundiren, auch das zweite Glied rechts auf die Lücke rückt.

So sind es ebenfalls die Schützen dieser 2 Glieder, die auf das Commando:

Fällts – Bajonett!

das Bajonett fällen.

Soll das Feuer enden, so wird:

Nicht chargirt!

geblasen, und dann:

Rotten – Richt euch!

kommandirt.

Wenn sich die Colonne in Marsch sezt, rücken zuvor auf das Signal:

Schützen vor!

die Rottenblänker, wie es bei Formirung der Colonne geschehen, vor, um zur Deckung der Colonne rings um dieselbe verbreitet zu bleiben.

Kann die Colonne sich wieder zur Linie entwickeln, so kommandirt der Commandant:

En Linie aufmarschirt!

Rechts – und Links – um !

Marsch_Marsch!

worauf die hintern Sectionen Rechts- resp. Linksum machen, ausbrechen, in die Linie rücken und nach der stehen gebliebenen 5ten und 6ten Section Richtung nehmen. Die Rottenblänker decken diesen Aufmarsch; sind sie nicht schon außerhalb der Colonne, so brechen sie mit dem Commando: Marsch_Marsch! zugleich vor, und vertheilen sich vor der Front. So wie jeder Schütze auf seinem Plaz in der Linie eingetroffen ist, steckt er das Bajonett in die Scheide. Ist die Deckung vor der Front nicht mehr nöthig, so werden die schwärmenden Rotten durch das Signal:

Schützen zurück!

in die Linie zurückgerufen.

§ 65

Das Quarre wird nach dem 2ten und 3ten Ploton formirt. Auf das Commando:

Formirts Quarre!

Rechtsum – kehrt!

Marsch_Marsch!

machen das 1te, 4te und 5te Ploton Rechtsumkehrt; die 2te Section schwenkt rottenweise in die rechte, die 7te in die linke Flanke, und die 1te, 8te, 9te und 10te Section in die Queue, wo Alles, so wie es auf seinen Plaz kommt, auswärts Front macht und das Bajonett aufpflanzt. Die Flanken aligniren sich dergestalt, daß ihr 2tes Glied auf die ersten Flügelrotten der Tete und Queue paßt. Diese ganze Formirung geschieht ohne weiteres Commando, und wird durch die von jeder Section vorbrechenden linken Flügelrotten, welche sich ebenso, wie die schwärmenden Rotten in die

Colonne verhalten gedeckt. Die beiden Officiers mit ihren Hornisten bleiben in der Mitte des Quarres, der ältere beobachtet, nächst dem Ganzen, die Tete und die linke Flanque, der jüngere die Queue und die rechte Flanque.

Zum Chargiren bedient man sich des Glieder- und des Feuers mit dem ganzen Quarre.

Zu den Bewegungen des Quarres giebt das Exercierreglement die Anleitung. Die nicht in Front maschirenden Flanken marschiren jedoch mit der Wendung.

Die Entwicklung des Quarres erfolgt auf das Commando:

En Ligne aufmarschirt!

Links – und Rechts – um!

Marsch_Marsch!

und zwar durch Rottenaufmarsch auf die nehmliche Weise, wie die Formirung geschehen, auch wird sie durch die vorbrechenden Rottenblänker gedeckt und ohne weiters Commando bewerk-stelligt. Ist jeder Schütze auf seinem Platze, so zieht er das Bajonett wieder ab, und steckt es in die Scheide.

§ 66

Da auch der Fall eintreten kann, dass eine Schützenabtheilung genöthigt ist, bei Vertheidigung eines Postens, die Angriffe feindlicher Cavallerie in einer Stellung en ligne abwarten zu müßen, so sucht sie zuvörderst ihrer Stellung dadurch mehr Stärke zu geben, daß sie sich von zwei auf 4 Glieder sezt, hierbei aber wie folgt verfährt.

Der Kommandant kommandiret:

Duplirt die Plotons!

Rechts – um!

Die 1te Section bleibt stehen. Auf das nachfolgende Commando:

Marsch-Marsch!

treten alle übrigen Sectionen an; die ungeraden bleiben auf der Frontlinie, die geraden brechen aber rechts aus, und ziehen sich dicht als ein 3tes und 4tes Glied hinter die ungeraden. So schließen sich die nunmehr vier Glieder starken ungeraden Sectionen aneinander an, und richten sich nach der ersten. Alles macht, wenn es auf seinem Platze ist, von selbst Front, und pflanzt das Bajonett auf. Die schließenden Unterofficiers treten auf die rechten Flügel der geraden Sectionen. Die Hornisten schließen sich an den rechten und linken Flügel der Division an.

Dergestalt formirt kann der Kommandant mit Sektionen, mit Gliedern und mit der ganzen Division chargiren laßen, wobei alle drei hintersten Glieder auf die Lücken rücken, und das vorderste Glied niederfällt, jedoch nicht mitfeuert, sondern seinen Schuß aufspart, und durch Vorsenkung des Bajonetts, wie es im Exercierreglement beim Sectionen-feuer vorgeschrieben ist, eine besondere Vertheidigung bewirkt. Das 4te Glied macht sich zwar mit fertig, schlägt aber nicht eher an, als bis das besondere Kommando hierzu erfolgt.

Wird auch zugleich der Rücken bedroht, so kommandirt der Kommandant:

Grade Sectionen!

Rechtsum – kehrt!

und lässt auf beiden Fronten chargiren.

Soll die zweygliedrige Stellung wieder hergestellt werden, so kommandirt der Commandant:

Herstellt die Plotons!

Links – um!

Marsch_Marsch!

worauf sämtliche Sectionen, die 1te ausgenommen, Linksum machen, und durch allmähliges Einrücken durch Rechtsum die Plotons wieder herstellen. Es wird kein weiteres Kommando gegeben, und so wie jeder Schütze seinen Plaz erreicht hat, zieht er das Bajonett ab.

§ 67

Sind einzelne Schützen in dem Falle, sich mit einzelnen feind-lichen Reitern herumschlagen zu müßen, so haben sie wohl zu beobachten, den Reiter immer auf deßen linke Seite anzugreifen. Auch sollen sich in solchen Fällen, und bey einer Uiberlegenheit der Cavallerie die zerstreuten Schützen immer zu vieren zusammenziehen, sich mit dem Rücken gegeneinander stellen, hierdurch nach allen Seiten Front bieten, und sich durch Vorhaltung des Bajonetts vertheidigen.

§ 68

Wenn die Schützen mit leichter Kavallerie vereint agiren, so geschieht das Blänkern von beiden Waffen zugleich. Nach Maasgabe des Terrains dient immer eine der andern zum Repli. Kein Theil darf den andern verlaßen, und kann man in solchen Fällen die Schützen in ein Versteck legen, und die feindliche Blänker durch einen verstelten Rückzug in ihr Feuer locken, so wird man hierdurch am sichersten von ihnen Vortheil ziehen. Vermischt man sie aber mit den Blänkern der

Cavallerie, so werden immer zu zwei Schützen ein oder zwei Cavalleristen gegeben. Diese unterstützen sich dann gegenseitig, und bleiben immer zusammen; bald gehen die Schützen, bald die Cavalleristen vor, nachdem es die Umstände erfordern, immer aber suchen die Schützen den Cavalleristen zur linken Hand zu bleiben, um ihnen in dem fernern Gebrauche des rechten Arms nicht hinderlich zu seyn.

§ 69

Was das übrige Verhalten der Schützen betrifft, was sie bei Avant- und Arriergarden, bei Seitenpatrouillen, bei Recognoszirungen zu beobachten haben, wie sie das Terrain benutzen müßen, wie sie verstehen müßen sich versteckt zu halten und heranzuschleichen; wie man Dörfer, Höhen und andere Gegenstände dieser Art besezt, vertheidigt oder angreift; über alles dieses ist es die Pflicht des Officiers, die Scharfschützen besonders zu unterrichten; überhaupt nichts zu verabsäumen, sie ihrer Bestimmung gemäß möglichst auszubilden.

Neunter Abschnitt

Von der Formirung der Scharfschützen in Bataillons

§ 70

Schon in der Einleitung ist Bestimmung dieser, in gewißen Fällen, aus einem Theile der Scharfschützen zu formirenden Bataillons Erwähnung geschehen. Jedes Regiment giebt hierzu, mit Ausschluß der Grenadiers

1 Officier

4 Unterofficiers

1 Hornisten und

32 Schützen

und sämtliche 12 Regimenter 2 Capitains, die diese Bataillons in der Eigenschaft als Majors zu Pferde kommandiren.

§ 71

Aus diesen Schützen werden 2 Bataillons von gleicher Stärke formirt, und die Abtheilungen der Regimenter, ohne die zu trennen, dergestalt zusammengesezt, daß immer zwei und zwei Regimenter von gleicher Farbe der Aufklappen nebeneinander zu stehen kommen.

Solchernach wird jedes Schützen-Bataillon bestehen aus:

1 Capitain

6 Officiers

24 Unterofficiers

6 Hornisten

192 Schützen

§ 72

Die Rangirung und Formirung eines solchen Bataillons geschieht durchaus nach den Vorschriften, die bey der Rangirung und Formirung einer Schützen-Division gegeben worden sind. Es wird nehmlich nur 2 Glieder hoch gestellt, und dergestalt rangirt, dass sich sämtliche ungeraden Nummern im ersten, deren

Sekundanten aber, oder die ungeraden Nummern, hinter ihnen im 2ten Gliede befinden.

Das Bataillon wird daher 96 Rotten enthalten. Diese werden eingetheilt in sechs Züge zu sechzehn Rotten, also soviel die Abtheilung eines jeden Regiments beträgt; jeder Zug in 2 Plotons zu acht Rotten, und jedes Ploton in 2 Sectionen zu vier Rotten.

Jeder Zug wird von dem Officier seines Regiments kommandirt, der daher auf dem rechten Flügel desselben steht, nur der Officier des 6ten Zuges stellt sich auf den linken Flügel, und an seiner Stelle kommandirt ein Unterofficier diesen Zug.

Zwischen den 3ten und 4ten Zuge bleibt ein Raum für drei Rotten, in welchen sechs Unterofficiers, und zwar von jedem Regiment einer als ein Fahnen-Ploton zum Vormarschiren in 2 Glieder aufgestellt werden.

Hinter jedem Officier befindet sich ein Unterofficier im 2ten Gliede, auch ist auf dem rechten Flügel jedes geraden Plotons ein Unterofficier in der Eigenschaft eines Plotons-Commandanten eingetheilt. Sämtliche ungeraden Plotons, das 9te ausgenommen, werden hinter der 2ten Rotte des linken Flügels durch 1 Unterofficier geschloßen.

Hinter der 2ten Rotte des rechten Flügels jedes Zugs befindet sich ein Hornist in der Linie der schließenden Unterofficiers, nur hinter dem 4ten Zuge ist keiner befindlich. Der zu diesem Zug gehörende Hornist wird von den Bataillons-Commandanten als Bataillons-Hornist gebraucht, und hat zu dem Ende seinen Platz hinter der Mitte des Bataillons, oder da, wo der Kommandant in hinberufen wird.

Dergestalt formirt, rücken die Abtheilungen der Regimenter ins Bataillon, so daß es keiner weitren Formirung vor der Front bedarf; jeder Officier und Unterofficier kommandirt, ohne Rücksicht auf Anziennetät und Charge, die Schützen seines Regiments

§ 73

Das, was in § 61 über die Art sich mit Leichtigkeit und Gewandtheit zu bewegen einer geschloßenen Schützen-abtheilung gesagt worden ist, gilt in gleichem Grade von den Bewegungen eines Schützen-Bataillons. Es hat daher ein solches Bataillon alle seine Bewegungen in der geschloßenen Ordnung zwar nach den in dem Exerzierreglement der Linien-Infanterie hierüber gegebenen Vorschriften zu bewerkstelligen, jedoch alle diese Bewegungen mit besonderer Schnelligkeit auszuführen. Hiernächst besteht die größte Fertigkeit eines Schützen-Bataillons darinn, in der ausgedehnten Ordnung fechten, und mit möglichster Gewandheit aus derselben in die geschloßene, und aus dieser in jene übergehen zu können. Verläßt ein Schützen-Bataillon die geschloßene Ordnung, so hat es auf die Aufstellung geschloßener Reserven, wie es in § 61 vorgeschrieben worden, gleichmäßig Rücksicht zu nehmen.

Im Frontmarsche in der geschloßenen Ordnung marschiren die drei Unterofficiers der Mitte vier Schritte vor der Front vor.

§ 74

Bei den Bewegungen in der ausgedehnten Ordnung verfährt ein Schützen-Bataillon nach den nehmlichen

Vorschriften, die hierüber den bei den Regimentern befindlichen Schützen gegeben worden sind. Auch hat es hierbei mit den Signalen eine gleiche Bewandniß.

Im Frontmarsche marschiren ebenfalls die drei Unterofficiere der Mitte vor.

Die Art, in die ausgedehnte Ordnung überzugehen, und theils vor der Front, theils auf der Flanke, theils mit Abtheilungen, theils mit dem ganzen Bataillon zu schwärmen, geschieht durchaus nach den Vorschriften die einer Schützen-Division hierüber ertheilt worden sind.

Zu den Frontschwärmen bleiben nehmlich die linken Flügelrotten jedes Plotons nebst den schließenden Unterofficiers des 2ten und 11ten Plotons und dem Officier des 3ten Zuges nebst deßen Hornisten, so wie zu den Flankenschwärmen der 1ste und 6te Zug bestimmt, welche sich bey dem Vor- und Einrücken sowohl, als bei den Ablösungen und sonst, so zu verhalten haben, wie es in dem 62 § vorgeschrieben worden ist.

So geschieht das Zerstreuen des ganzen Bataillons ebenfalls nach der in dem eben erwehnten § befindlichen Anweisung, so daß, geschieht die Ausdehnung aus der Mitte nach beiden Flügeln, die 6 Unterofficiers der Mitte nebst der 1ten Rotte des 4ten Zugs, geschieht sie aber nach dem linken Flügel die 1ste Rotte des 1ten Zugs, und geschieht sie hingegen nach dem rechten Flügel die lezte Rotte des 6ten Zugs stehen bleiben und die Richtung angeben; wie dann das Verfahren zum Zusammenziehen sich von selbst hieraus ergiebt.

§ 75

Die Chargirung in ausgedehnter sowohl als geschloßener Ordnung wird nach der Vorschrift des 6$^{\underline{ten}}$ Abschnitts bewerkstelliget; auch wird das Rottenfeuer in dem Bataillon, wie in der Division von dem Plotonscommandanten commandirt.

§ 76

Die Formirung der geschloßenen Colonne zur Vertheidigung gegen feindliche Kavallerie in ebenen Terrain geschieht nach der im 64 § einer Division gegebenen Vorschrift. Die Colonne formirt sich auf das 6$^{\underline{te}}$ und 7$^{\underline{te}}$ Ploton, und anstatt, daß in der Division von jeder Section Rottenblänker vorgehen, geschieht es im Bataillon von jedem Ploton. Ist die Formirung bewerkstelligt, so kommandirt der Commandant:

Oeffnet euch! Marsch!

worauf die Unterofficiers der Mitte abtreten, und sich zu dreien hinter dem 6$^{\underline{ten}}$ und 7$^{\underline{ten}}$ Plotons vertheilen, und die 6 Plotons des rechten Flügels rechts, die 6 Plotons des linken Flügels aber links, sich dergestalt annoch öffnen, daß ein Raum von 6 Schritten zwischen ihnen entsteht, und ist derselbe erlangt, der Kommandant:

Halt!

kommandirt. Hierauf wird: Schützen zurück! geblasen, auf welches Signal die Rottenblänker des rechten Flügels sich in die Lücke zwischen dem 6$^{\underline{ten}}$ und 7$^{\underline{ten}}$ Ploton, die des linken Flügels aber in die zwischen 1$^{\underline{ten}}$ und 12$^{\underline{ten}}$ Ploton, zu zwei Gliedern in solcher Ordnung rottenweise formiren, wie die Plotons im Bataillon neben einander stehen.

In diesem in der Mitte der Colonne befindlichen leeren Raum nimmt der Commandant seinen Platz, so wie wenn das Bataillon eine Canone bei sich führt, dieselben in dringenden Fällen, in diesem Raume aufgenommen, hierzu aber nach Erfordern, durch mehreres Auseinanderziehen der Plotons, dieser Raum verbreitert wird.

Das Frontbieten nach allen Seiten, das Chargiren, das Bajonett-fällen geschieht wie in der Divisions-Colonne.

Kann die Colonne wieder en Linie aufmarschiren, so kommandirt der Kommandant zuvörderst:

Schließt euch! Marsch!

worauf der rechte und linke Flügel sich durch Links- und Rechts-schließen wieder zusammenfügen, auf:

Halt!

stille stehen, und die Unterofficiers der Mitte wieder eintreten. Dann kommandirt er ferner:

En Linie aufmarschirt!

Rechts – und Links – um!

Marsch_Marsch!

wobei sich die hintersten Plotons so verhalten, wie es bey Entwicklung der Divisions-Colonne den hintersten Sectionen vorgeschrieben worden ist.

§ 77

Die Formirung eines Quarres geschieht nach dem $3^{\underline{ten}}$ und $4^{\underline{ten}}$ Zuge, und zwar im Wesentlichen nach der Vorschrift des Exerzierreglements.

Auf das Kommando:

Formirts Quarre!

Rechtsum – kehrt!

Marsch_Marsch!

machen der 1te, 2te, 5te und 6te Zug Rechtsumkehrt, der zweite schwenkt rottenweise in die rechte, der 5te in die linke Flanque, und der 1te und 6te Zug in die Queue. Die von jedem Ploton vorbrechenden linken Flügelrotten decken die Formirung. Die Unterofficiers der Mitte vertheilen sich zu dreien hinter dem 3ten und 4ten Zuge, welche Züge die Lücke schließen. Alle übrige wird nach Anleitung des 65 § bewerkstelligt.

§ 78

Will sich ein Bataillon von zwei auf 4 Gliedern setzen, so kommandirt der Commandant:

Duplirt die Züge!

Links – und Rechts – um!

Die Plotons 6 und 7 bleiben stehen, die übrigen aber machen die vom rechten Links – und die vom linken Flügel Rechts – um. Auf:

Marsch_Marsch!

ziehen sich auf dem rechten Flügel die ungeraden Plotons hinter die geraden, und auf dem linken Flügel die geraden hinter die ungeraden, und verhalten sich ferner, wie es im 66 § den Sektionen vorgeschrieben worden, auch alle Uibrige in Gemäßheit dieses § beobachtet wird.

Die Officiers des rechten Flügels treten vor ins vorderste Glied. Die schließenden Unterofficiers begeben sich, um die hinterste Front frei zu machen, die vom rechten Flügel hinter die Unter-officiers, welche ungerade, und die vom linken Flügel hinter die Unterofficiers, welche gerade Plotons kommandiren.

Das zweite Glied der zum Vormaschiren bestimmten 6 Unter-officiers zieht sich bis in das 4te Glied zurück. Die sämtlichen Hornisten begeben sich, in zwei Gliedern, in die zwischen den eben erwähnten 6 Unterofficiers befindlichen leeren Raum

Soll die zweigliedrige Stellung hergestellt werden, so kommandirt der Commandant:

Herstellt die Züge!

Rechts – und Links – um!

Marsch_Marsch!

worauf die Plotons sich nach dem 6ten und 7ten zu zwei Gliedern wieder auseinanderziehen.

§ 79

Eben die Gründe die ein Schützen-Bataillon veranlaßen können, aus der zweigliedrigen Stellung in die viergliedrige überzugehen, können daßelbe auch ferner veranlaßen, sich mit Beybehaltung der viergliedrigen Stellung in ein Quarre zu formiren, welches außer dem Vortheile, sich mit demselben leichter als wie mit dem gewöhnlichen zweigliedrigen Quarre bewegen zu können, noch den gewährt, den Anfällen der Kavallerie durch die viergliedrige Stellung einen stärkern Widerstand leisten zu können.

Die Formirung geschieht ganz nach der Vorschrift, die bey dem zweigliedrigen Quarree statt findet, als daß der 3te und 4te Zug die Tete, der 1te und 6te die Queue und der 2te und 5te die Flanken, jeder Zug in sich duplirt, formiren, auch die linken Flügelrotten jedes Plotons die Formirung, so wie die ferneren Bewegungen, und die Entwicklung des Quarres decken werden.

Zehnter Abschnitt

Vom Scheiben schießen

§ 80

Der Unterricht, auf mannigfaltige Entfernungen nach einem gewißen Ziele zu schießen, gehört zu den wesentlichsten, die den Scharfschützen ertheilt werden sollen. Er findet alljährlich im Frühjahre, während der Zusammenziehung des Regiments, in den Nachmittagsstunden, und zwar in der Zeit statt, wenn das Regiment nur des Vormittags zum Exerziren ausrückt.

Die sämtlichen Schützen, mit Inbegriff der Unterofficiers nehmen daran Theil.

§ 81

Zu dem Ende wird auf einem Platze, wo es ohne Gefahr geschehen kann, eine Scheibe dergestalt aufgestellt, daß sich zwischen derselben und dem Standpunkte, von welchem aus geschoßen werden soll, eine ebene Fläche von wenigstens 300 Schritten, hinter der Scheibe aber ein erhöhter Erdkasten angebracht befindet, aus dem die abgeschoßenen Kugeln zum nochmaligen Gebrauche ausgegraben werden können.

Die Scheibe besteht aus einem Viereck von sechs Fuß Höhe und sechs Fuß Breite, auf welchem die Umrisse dreier männlicher Figuren, in der Mitte dieser Figuren aber zehn Zirkel, mit Inbegriff des Nagels, wie bei einer gewöhnlichen Scheibe, deutlich angegeben, und leztere beziffert werden.

Auf dem Schießstande wird ein Pfahl zum Auflegen der Büchsen eingeschlagen.

§ 82

Bei jedesmaliger Uebung im Scheibenschießen sollen von jedem Schützen vier Schüße, und zwar zwei mit Auflegen und zwei aus freier Hand geschehen. Es wird hierüber eine namentliche Schußliste gefertigt, und jedem die Nummer des Zirkels, den er getroffen, eingetragen, oder der fehlende Schuß bemerkt.

Jeder Schuß, welcher die Scheibe getroffen, wird durch den Zieler angezeigt, und das Loch in der Scheibe zugeschlagen.

Die zu jedem Scheibenschießen erforderlichen Kugeln, fertigt sich jeder Schütze mit der größten Genauigkeit unter Aufsicht des Unterofficiers der Compagnie selbst.

§ 83

Es wird in Beiseyn eines Staabs-Officiers mit eben der Ordnung nach dem Schieß- wie nach dem Exerzierplaze marschirt. Die Hornisten tragen die Scheiben sammt den übrigen Geräthschaften dahin, auch wird einer derselben als Zieler angestellt.

Die Schützen-Division marschirt unweit des Schießstandes auf und nimmt das Gewehr beim Fuß.

Hierauf wird Compagnieweise einzeln geladen, wobei die Officiers und Unterofficiers genaue Aufsicht führen, und jedem die Vortheile zum rechten Laden, um einen wirksamen Schuß thun zu können, deutlich anweisen. Dann wird Compagnieweise rechts neben dem Schießstand vorgerückt. Die Reihe der Schießenden wird durch Abrufung des Namens deßelben bestimmt, vorher aber allezeit durch einen Hornisten das Signal: Chargirt! geblasen, um den Zieler auf den Schuß aufmerksam zu machen.

Officiers und Unterofficiers müssen hierbei dem Schützen zeigen, wie er beim Auflegen die Büchse im Anschlagen halten muß, nehmlich: den Kolben fest an die rechte Schulter gedrückt, den Kopf etwas vorgebogen, damit Auge, Visir und Korn in eine Linie kommen, die linke Hand, die Büchse haltend, wenig ausgestreckt, die rechte hinter dem Bügel, der Zeigefinger derselben am Abzuge, die Füße etwas auseinander gestellt, den Körper ein wenig vorgelegt. In dieser Stellung muß der Schütze den Zielpunkt aufsuchen, und in die Visir-Linie bringen.

Er muß sich jedoch öfters wieder aufrichten und von neuem zielen, bis er hierbei einige Fertigkeit erlangt. Dann erst lässt man ihn den Hahn spannen, und sich wieder in den Anschlag legen. Man zeige ihm ferner, wie er, ohne an dem Abzug zu reißen, los-drücken müße, und befiehlt ihm, nach dem Losdrücken im Anschlagen liegen zu bleiben. Der Unterrichtende beobachtet genau, ob der Schütze dies alles bewerkstellige.

Hierauf wird einem jeden gezeigt, wie er aus freier Hand schießen muß.

Beide Anweisungen geschehen jedoch bei einem neuen Schützen anfangs blos mit Pulver auf der Pfanne, ohne die Büchse zu laden, und hierauf erst mit geladener Büchse.

Nach jedem Schuß wird dem Schützen das Gute oder Mangelhafte des Schußes bemerkbar gemacht, und in dem leztern Falle untersucht, wodurch derselbe veranlaßt worden ist.

Bei der ersten Uibung wird auf 100 Fünfviertelellenschritte, bei der zweiten auf 150, und bei der folgenden auf 200 und 300 Schritte Distanz geschoßen. Wenn der Schütze bei der ersten Distanz auf das Knie zu zielen angewiesen wird, so wird er bey der zweiten auf das Koppel, bei der dritten auf die Brust und bei der vierten auf den Kopf zu halten angewiesen werden müßen, um immer den halben Mann zu treffen.

Indeß muß der Schütze die Wirksamkeit seiner Büchse selbst prüfen, und aus den gefundenen Resultaten sich seine eigene Theorie des Zielens entwerfen. Um dies jedoch mit desto beßern Erfolg thun zu können, ist es nothwendig, ihn fleißig im Schätzen der Distanzen zu üben.

Damit aber auch der Schütze auch Entschloßenheit im Schießen erlange, so soll er hierzu, nachdem er nehmlich schon eine gewiße Fertigkeit im Treffen erlangt hat, dadurch gebildet werden, daß er, noch drei bis 4 Schritte von dem Schießstande entfernt, sich schon fertig macht und den Hahn spannt; dann entschloßen in den Schießstand eintritt, anschlägt, zielt und losdrückt, dies Alles jedoch lebhaft und rasch verrichtet.

Auch sollen die Schützen am Schluße des jährlichen Schießunterrichts, geübt werden, aus den im 17ten § vorgeschriebenen verschiedenen Stellung des Körpers, so wie nicht minder nach Gegenständen, die sich bewegen zu schießen. Zu lezterer Uibung wird ebenfalls die gewöhnliche Scheibe angewendet die zu dem Ende in einer hierzu besonders ausgeworfenen Erdfurche, durch Leinen auf kurze Distanzen hin und her gezogen wird, ohne daß jedoch für die Ziehenden einige Gefahr hieraus entstehe.

Ist das Schießen beendigt, so wird mit eben der Ordnung von dem Schießplaze abmarschirt, als man auf denselben angekom-men ist, jedoch vorher jedem Schützen die Anzahl der getroffenen Zirkel angezeigt, die Fehlenden zur Besserung angehalten, und dagegen die sich vorzüglich durch gutes Schießen ausgezeichneten Schützen durch zweckmäßige Ermunterungen zu ferneren Eifer aufgefordert.

§ 84

Die Schußlisten sind von den Schützen-Officiers den Majors ihrer Bataillons, von diesem aber den Commandanten des Regiments zu übergeben, der bei der Musterung dem General-Inspecteur eine Abschrift davon unter seiner Unterschrift überreicht.

———

Inhalt

Seite

Signale

auf

dem Flügelhorn für die

Scharfschützen

bey der

Churfürstlich Sächsischen

Infanterie

A) Signale für Handlungen

1. Marsch vorwärts ; Avancirt!

2. Marsch rückwärts; Retirirt!

3. Rechts!

4. Links!

5. Marsch mit der Wendung _ Um!

6. Flügel vornehmen _ Flügel vor!

7. G'rad aus!

8. Halt!

9. Schützen vor!

10. Schützen zurück!

11. Sammeln; Sammelt euch!

12. Feuern; Chargirt!

13. Aufhören zu feuern; Nicht chargirt!

B) Signale für Gegenstände

14. Ruf für das Ganze!

15. Ruf für das 1ste Bataillon

16. Ruf für das 2te Bataillon

17. Ruf für das Grenadierbataillon

<u>An weiteren Reglements sind in dieser Reihe erschienen:</u>

Reglement für die Königlich Sächsische leichte Infanterie zu den Uebungen außer der geschlossenen Ordnung vom Jahre 1810

herausgegeben von Jörg Titze / Noten Thoralf Titze